Daniel Meurois

Die ursprünglichen Lehren Christi und wer Jesus wirklich war

Daniel Meurois

Die ursprünglichen Lehren Christi und wer Jesus wirklich war

Aus dem Französischen von Dr. Gerhild Schulz

SILBERSCHNUR VERLAG

Titel der Originalausgabe: »Les Enseignements premiers du Christ ... à la recherche de Celui qui a tout changé«

Veröffentlicht in Partnerschaft mit Maurice Baldensperger und Francis Hoffmann GbR »Publish Vision«; info@publishvision.de, www.publishvision.de

ISBN: 978-3-89845-555-8

1. Auflage 2017 2. Auflage 2019 3. Auflage 2024

Übersetzung: Dr. Gerhild Schulz
Gestaltung & Satz: XPresentation, Güllesheim
Umschlaggestaltung: XPresentation, Güllesheim
Druck: Finidr, s.r.o. Cesky Tesin

Verlag »Die Silberschnur« GmbH · Steinstraße 1 · D-56593 Güllesheim
www.silberschnur.de · E-Mail: info@silberschnur.de

Widmung

Gewidmet sei dieses Buch insbesondere Marie, aber auch den Unterschieden, die uns zu dem machen, was wir sind und natürlich Dem, Der mich *den* wesentlichen Unterschied gelehrt hat

Bemerkung

Dieses Werk ist auf Bitten vieler Leser von Daniel Meurois entstanden, die nicht an seinen Seminaren zu diesem Thema teilnehmen konnten. Es entspricht keineswegs der limitierten Auflage der 8 CDs, die in französischer Sprache erschienen und inzwischen vergriffen sind. Es ist ein völlig eigenständiges Werk, das zahlreiche neue Informationen und bisher unveröffentlichte Geschichten enthält.

Inhaltsverzeichnis

Zweiter Teil: Das kosmische Spiel

Ich erinnere mich ...

Ich erinnere mich ... könnte das vorliegende Buch anders beginnen, als mit diesen ganz einfachen Worten? Ja, ich erinnere mich ... es war doch erst gestern, oder fast. Zweitausend Jahre sind im Grunde nicht viel in der Menschheitsgeschichte: Kaum mehr als 66 Generationen von Männern und Frauen, die recht und schlecht versucht haben zu verstehen ...

Verstehen wir es denn heute? Verstehe ich es wenigstens selbst, nun, da ich beschlossen habe, euch die folgenden Seiten vorzulegen?

Verstehen – das ist viel, wisst ihr. Es ist etwas Bedeutsames!

Verstehen heißt, die gesamte Wirklichkeit einer Sache zu überblicken, ihr 'Wie' und 'Was' zu begreifen.

Insofern wäre es bei einem so großen und geheimnisvollen Thema zweifellos vermessen zu behaupten, dass 'ich es verstehe'.

Darum erzähle ich einfach nur, woran ich mich erinnere ... und weiter nichts. Wie gewohnt werde ich dafür mein Gedächtnis als 'Werkzeug' benutzen. Dabei kommt mir eine Reife zugute, die nur im Laufe der Zeit entstehen konnte.

So wende ich mich als Zeitzeuge an euch, nicht als Historiker oder Theologe und schon gar nicht als Gelehrter. Ich bin mir vollauf bewusst, dass einiges, was ich in diesem Buch darlegen werde, dem offiziellen Wissen entgegensteht und sogar manchen religiösen und spirituellen Denkrichtungen widerspricht.

Ich nehme dieses Risiko gerne auf mich, weil ich weiß, dass immer mehr Menschen versuchen, Zwänge abzuschütteln und frei zu denken, ohne sich der Gesinnung bestimmter Gruppen zu unterwerfen.

Damit möchte ich jedoch keineswegs Konflikte schüren. Abgesehen von der Lehre, die es zu vermitteln hofft, soll das Buch, das ihr in Händen haltet, vor allem ein Buch des vertraulichen Mitteilens sein. Es will gelesen werden, wie ein Gespräch, in dem man anderen seine Erinnerungen eröffnet.

Es gibt natürlich ebenso viele Gedächtnisse, wie lebende Wesen. Jeder von uns ist in gewisser Hinsicht mit einer Kamera vergleichbar, die das Leben aus ihrem Blickwinkel und in der Qualität ihres Objektivs aufnimmt.

So gesehen ist der Begriff 'Wahrheit' höchst relativ: Was man als absolute Wahrheit bezeichnet, ist dem menschlichen Bewusstsein schon deshalb nicht zugänglich, weil Wahrheit aus einer Vielzahl verschiedener Sichtweisen und damit aus lauter Teilwahrheiten besteht.

Ihr könnt also bei der Lektüre der folgenden Seiten davon ausgehen, dass sie nur die Ausgangsbasis für weitere Überlegungen sind. Ihre Wahrheit ist die Wahrheit eines sensiblen Augenzeugen, der bis in die heutige Zeit hereinwirkt, zugleich aber jeden einladen möchte, in aller Freiheit weiter nach *der* grundlegenden Wahrheit seiner eigenen Seele zu suchen.

An diesem Punkt stellt sich meines Erachtens eine wichtige Frage:

Warum ist es mir gegeben, mich so genau daran zu erinnern, was ich im Umkreis Christi vor zweitausend Jahren erlebt habe? Ich möchte diese Frage mit ein paar weiteren Fragen beantworten:

Warum kommen manche Menschen mit der Fähigkeit auf die Welt, ganz spontan Melodien zu erfassen und Symphonien daraus zu machen? Warum ist anderen eine unglaubliche Leichtigkeit im Umgang mit höchster mathematischer Abstraktion gegeben? Warum sind wieder andere von einer Kraft und einer Vision besessen, die sie befähigt, aus einem Marmorblock einen vollendeten Körper herauszuarbeiten? Und warum ist schließlich die Festplatte eines Computers in der Lage, Milliarden von Informationen zu speichern und sie ein paar Sekunden später wiederzugeben?

Warum, ja, warum? Das Universum ist voll von diesen Fragen, die unser Verstand, der alles genau einteilen möchte, doch nicht fassen kann.

Wenn man etwas wahrgenommen und ihm einen Namen gegeben hat, so hat man es deshalb noch lange nicht verstanden.

Es lebt ein Geheimnis im Herzen von allem was 'ist'. Dieses unendlich schöne und große Geheimnis, das uns einen ebenso großen Respekt abnötigt, möchte ich euch ein wenig näher bringen, indem ich erneut etwas aus meinem Gedächtnis weitergebe.

Dieses Geheimnis wirkt immer neu anregend auf das Mysterium, das in dieser Lehre keimhaft lebt, auf den Diamant, der in ihr enthalten ist - auf ihre Essenz. Das gilt für alle Menschen, die ihre Fähigkeit sich geistig zu erheben, wiederentdecken möchten.

Ihnen möchte ich diese Erinnerungen vor allem überreichen, doch auch jenen, die noch nicht wissen, dass sie mitgemeint sind ...

Ich werde mich dabei von einem Gespräch leiten lassen, das dem Takt meines - und wie ich hoffe auch eures - Herzens folgt, wie bei einer Begegnung unter Freunden. Könnte man sich Dem, wovon Christus beseelt war denn anders nähern? Aus eigenem Erleben bin ich davon überzeugt, dass das Göttliche in echte, innige Seelenbegegnungen einfließt und sich darin mitteilt.

Und so seid ihr herzlich eingeladen, euch darauf einzulassen, was spontan aus dem Füllhorn meiner lebendigen Erinnerungen quillt, als säßen wir zusammen auf dem Boden an einem Feuer aus aufgeworfenen Ästen, irgendwo am Ufer des Sees Genezareth oder in der Wüste, in Judäa.

Sollen wir uns erst einmal in diese Zeit hineinversetzen? Ich schlage vor, dass wir uns nach und nach der Bevölkerung dieser Epoche nähern, um uns dann in aller Ruhe dem Meister und seinem tiefsten Wort zuzuwenden ... So werden wir die Menschen kennenlernen, die ihm nahe standen und Geschichte geschrieben haben ... aber auch jene, die nichts weiterzugeben hatten, als ihre Liebe.

Erster Teil

Das irdische Theater

Kapitel I

Die Bühne

Versucht es euch einmal vorzustellen ... Wir lebten in einem besetzten Land ... Die Römer hielten sich seit über fünfzig Jahren darin auf. Mit "Römern" meine ich nicht nur die Streitkräfte, sondern auch die Familien, die sie gegründet hatten, ihre Geschäfte, ja ihre ganze Kultur, die sich nach und nach mit unserer vermischte. All das ging so unterschwellig und raffiniert vor sich, dass wir zuweilen gar nicht mehr den Eindruck hatten, einer 'Besatzungsmacht' ausgesetzt zu sein.

Unsere Eltern und Großeltern aber wussten noch, wie es war, als die Soldaten kamen und im Namen eines Kaisers, den nie jemand zu Gesicht bekam, alles unter Kontrolle brachten.

Unter den jungen Leuten gab es jedoch viele, die das gar nicht kümmerte. Wie sollte man sich darüber wundern? Sie waren schon mit dem Purpur der Legionäre zur Welt gekommen. Es gehörte für sie einfach zur vertrauten Kulisse, genau wie die zahllosen Schilder und Speere, die von Zeit zu Zeit die Straßen blockierten, ohne dass irgendjemand wusste, warum. Sie hörten nur 'kein Durchgang', schlugen einen anderen Weg ein und vergaßen es gleich wieder. Ich erinnere mich, dass es für sie nicht so schlimm war. Wenn man ihnen am Pashafest Einlass in den großen Tempel von Jerusalem gewährte, gab es für sie und ihre Eltern doch immer eine verbotene Zone. Die Priester untersagten ihnen, eine bestimmte Schwelle zu überschreiten - die zum Allerheiligsten.

Folglich fühlten sie sich auch nicht betroffen, wenn irgendwo Unruhen ausbrachen. Wenn sie sich einmischten, dann nur aus einem gewissen Nachahmungstrieb heraus, aus Wettbewerbsgeist oder weil sie sich den Älteren beugten ... Die Ordnung des Vaters zählte, daran gab es nichts zu rütteln. Wenn man sie in den Straßen so miteinander tuscheln hörte, hätten viele von ihnen es gar nicht so schlecht gefunden, römische Staatsbürger zu sein. Sie versprachen sich soziale Vorteile davon und sahen eine Art Schutz darin, eine gewisse Sicherheit für die Zukunft. Da Rom sie ihren Kultus frei ausüben ließ, dachten sie am Ende, ... warum eigentlich nicht?

Wären da nicht die bewaffneten Banden der Zeloten gewesen, die immer wieder Splittergruppen der Legionäre angriffen, hätte die Frage sich für sie überhaupt nicht gestellt.

Auf der anderen Seite gab es natürlich die Priester, also Rabbis, die versuchten, ihnen noch etwas von ihrem Glauben beizubringen und sie immer wieder anherrschten, der feindlichen Belagerung gegenüber Haltung zu zeigen. Wie hätten sie da auf der Suche nach sich selbst nicht enger zusammenrücken sollen? Ich erinnere mich, dass sie häufig in kleinen Gruppen etwas ratlos und untätig herumstanden. Sie lebten im Spannungsfeld zwischen dogmatischen Predigten, Eltern, die halb zum Widerstand, halb zur Nostalgie neigten und Anführern blutiger Aufstände. Außerdem waren da noch die Römer, die mit beruhigender Entschlossenheit alles eroberten ... und Mädchen hatten, die auf den Märkten Blicke auf sich zogen.

Im Grunde lebte die ganze Gesellschaft in Palästina im Ungewissen, in einer Art Grauzone. Unterschwellig war sie auf der Suche nach neuen Werten.

Viele hatten den Widerstand längst aufgegeben und kollaborierten mehr oder weniger offen mit dem Besatzer. Damit forderten sie die Zeloten ungewollt immer wieder zu extremen Reaktionen heraus und wurden mitunter kurzerhand von ihnen liquidiert.

Vor allem in Jerusalem war zu spüren, dass etwas zu Ende ging, eine Welt an ihre Grenze kam und man nun eine Wahl treffen musste: Entweder man gab auf und unterwarf sich endgültig der römischen Herrschaft oder aber man verweigerte sich auf radikale Weise und lehnte sich auf. Doch *wer* würde diese Wahl treffen? *Wer* würde das entscheiden?

Die Rabbis und Schriftgelehrten hatten als Theoretiker und Garanten der kollektiven Identität unleugbar großen Einfluss auf das Volk. Zugleich wurde immer deutlicher, dass viele von ihnen ein doppeltes Spiel spielten. Ich erlebte es Tag für Tag selbst. Die Römer bestachen sie mit Geschenken, ließen ihnen stets neue Ehren zuteilwerden und verstanden es, ihnen gute Argumente in den Mund zu legen, um sie dazu zu bewegen, im entscheidenden Moment wegzusehen.

Im Grunde schlug sich jeder eben durch, wie er konnte, wenn es besser ankam, idealistisch, notfalls aber auch rein opportunistisch.

Überdies wurde 'unser Land' - das Land in dem ich ja auch lebte - von existentiellen Problemen erschüttert. Wenn man nicht gerade einer gehobenen sozialen Schicht oder gesellschaftlichen Klasse angehörte, war man zwangsläufig arm und dazu verdammt, es auch zu bleiben ... vor allem weil Rom Jahr für Jahr alles, was es in die Finger bekam, an sich raffte.

Inzwischen bin ich überzeugt davon, dass Armut und Desillusionierung angesichts der Korruption der Ankunft eines gewissen Rabbis Gewicht verliehen und seine Wirkung verstärkten ...

Die Sadduzäer

Es profitierten natürlich auch viele Sadduzäer von der Anwesenheit der Römer. Sie waren leicht zu erkennen. Stets schritten sie erhobenen Hauptes einher, ganz gleich ob in Jerusalem oder auf dem Dorf. Außerdem trugen sie die feinsten Kleider. Viele von ihnen lebten ganz ungeniert auf großem Fuß. Reichtum war in ihren Augen eine Belohnung des Allerhöchsten für ihre seelischen Verdienste.

Ihrem Glauben zufolge hatte jemand, der arm war, beim Ewigen eine Schuld zu begleichen, musste sich also nicht darüber beschweren.

Freilich galt das nur im Allgemeinen. Es war einfach ein typischer Wesenszug ihrer Philosophie. Wenn meine Seelenaugen die Gassen und Häuser dieser Zeit besuchen, so finden sie auch unter den Sadduzäern gute Menschen, die großzügig und voller Mitgefühl waren.

Allerdings erinnere ich mich, dass sie leidenschaftlich gerne diskutierten. Ja, sie polemisierten oft aus reinem Vergnügen, wie Intellektuelle es heute gern tun, um sich dann aber eher im Spiel ihrer Argumente zu verlieren oder sich in der Falle ihres rationalen Denkens zu verfangen, als wirklich weiterkommen zu wollen. Das heißt jedoch keineswegs, dass die Sadduzäer nicht an etwas Heiliges glaubten. Allerdings erweckten sie stets den Eindruck, ihr Glaube sei etwas recht Diffuses und diene vor allem dazu, ihr Verhalten zu rechtfertigen. Im Unterschied zu anderen Gruppen habe ich sie nie konkrete Glaubensinhalte oder eine klar umrissene Doktrin verkünden hören. So waren wir im Grunde davon überzeugt, dass sie vor allem an Macht interessiert waren.

Man kann wohl wirklich sagen, dass ihr hauptsächlicher Aktionsradius sich irgendwo zwischen der politischen Bühne und klerikalen Privilegien abspielte. Heute würde man sie als regelrechte "Partei" bezeichnen, die mit der römischen Besatzung auf bestem Fuße stand.

Als ein gewisser Rabbi Jeshua - der Meister Jesus - anfing, die öffentliche Meinung mit seinen Reden und seinem Handeln in Unruhe zu versetzen, waren die Sadduzäer die Ersten, die sich Ihm meist offen entgegenstellten.

Unzählige Male habe ich mit eigenen Augen gesehen, wie sie Ihn in aller Öffentlichkeit auf Märkten oder den Vorplätzen der Synagogen angingen und ironisch auf die Schippe nahmen. Der Grund war wohl weniger, dass sie ihn als Mensch nicht mochten. Sie stießen sich vielmehr an seiner offenen Art und an der Tatsache, dass Er ebenfalls gut argumentieren und diskutieren konnte, wenn es sein musste.

Allerdings bin ich mir sicher, dass sie die Gefahr, die der Rabbi für ihre Art zu sein darstellte, zunächst noch nicht wahrnahmen.

Ich erinnere mich lebhaft an ein paar Gespräche, die ich bei meinen morgendlichen Spaziergängen durch die Gassen von Kapernaum aufgeschnappt habe. Demzufolge war 'dieser Mann' nicht viel mehr als einer von diesen recht originellen und charismatischen Gebildet-en - und letztlich nicht gefährlich ... außer vielleicht für sich selbst.

Dennoch begriff ich bald, dass seine 'magische' Ausstrahlung ihnen zutiefst missfiel. Die Sadduzäer neigten dazu, allem was mit übernatürlichen Fähigkeiten zu tun haben könnte, aus dem Wege zu gehen. Auch als ihnen Wunderheilungen zu Ohren kamen, sprachen sie von Heuchelei und hielten mit ihrem Sarkasmus nicht zurück, obwohl sie bei einer sogar dabei gewesen waren.

In Genezareth gingen ein paar Sadduzäer so weit, dem Rabbi Jeshua eine Falle zu stellen. Ich war selbst nicht dabei, doch die Szene hatte sich rasch in der Gegend herumgesprochen.

Man erzählte sich, ein alter Sadduzäer habe seinen Sohn zu Ihm gebracht. Es war ein Mann von etwa dreißig Jahren, der angeblich von Geburt an blind war. Der Meister schaute ihn eine Weile an und holte dann plötzlich aus, als wolle Er dem Behinderten eine kräftige Ohrfeige geben. Einem Schutzreflex folgend schreckte der Mann blitzartig zurück, obwohl er nicht einmal gestreift worden war. So kam sein Betrug ans Licht. Es hieß, der Rabbi habe nur traurig gelächelt und den alten Mann gefragt: "Sag mir, *wer* leidet an der schlimmeren Krankheit, der betrügt oder der sich betrügen lässt? Ich sage euch, wenn eure Seele erst einmal verstanden hat, dass sie wirklich leidet, werdet ihr zu mir kommen. So steht es um euer ganzes Volk. Es muss erst lernen, seine eigene Blindheit zu erkennen."

Diese Anekdote zeigt meines Erachtens sehr schön, dass der Meister keine Gelegenheit ausließ, um uns ganz unvermittelt etwas zu lehren. Dafür konnte alles zum Anlass werden.

Meinte Er hier ausdrücklich das "Volk der Sadduzäer"? Ich glaube nicht. Wenn Ihm bestimmte soziale Gruppen oder Individuen zuweilen auch als leuchtendes Beispiel dienten, so war es doch eindeutig sein Ziel, die ganze Menschheit etwas zu lehren. Aus Seiner Sicht war sie eine große, leidende Familie.

Es fällt mir schwer, zu sagen, ob das Wort des Meisters Jeshua bis zu vielen Sadduzäern vorgedrungen ist. Materieller Wohlstand in Verbindung mit einem ganz selbstverständlichen intellektuellen Dünkel, machte sie zu einem sozialen Mikrokosmos, der sich von anderen abhob. Wenn man einmal in diesem Umfeld steckte, war es nicht leicht, sich davon abzugrenzen, weil jeder den anderen genau im Blick hatte. Überhaupt herrschte im damaligen Palästina mehr oder weniger eine Art gegenseitiger Überwachung.

Die Pharisäer

Man könnte nun meinen, die Sadduzäer hätten als Repräsentanten einer Elite mit den Pharisäern gemeinsame Sache gemacht. So war es aber nicht. An den vertraulichen Mitteilungen und indiskret weitergegebenen Informationen, die im Umkreis des Meisters die Runde machten, ließ sich leicht ablesen, wer gerade wieder auf raffiniertere Weise mit den Römern paktierte - die Sadduzäer oder die Pharisäer.

Theoretisch hatten die Pharisäer mit den 'schmutzigen Geschäften dieser Welt' nichts zu schaffen. Ohne zu zögern würde ich sagen, dass sie sich tendenziell für regelrechte Heilige hielten. Sie sahen sich als rein, als unbefleckt und verkündeten stets voller Stolz, dass ihr Leben von über sechshundert Vorschriften - Pflichten oder Verboten - geregelt wurde. Das machte sie angeblich von Haus aus eindeutig zu Erwählten des Ewigen.

Unterm Strich würde man heute sagen, sie führten sich auf wie Fundamentalisten. Entsprechend gaben sie sich so intolerant und unberührbar wie möglich. Es waren nicht viele, doch sie waren sehr aktiv und beanspruchten die höchsten geistlichen Ämter für sich.

Natürlich wurden sie von niemandem besonders geschätzt. Aber sie waren gefürchtet, denn ein Urteil oder Dekret von ihrer Seite konnte ein moralisches oder reales Todesurteil bedeuten - was fast auf das Gleiche hinauslief. Von den Schriftgelehrten auf die Ersatzbank der Gesellschaft gesetzt zu werden, hieß nichts anderes, als sein restliches Leben als Elender zu fristen, wenn man nicht ohnehin auf der Stelle gesteinigt wurde.

Das wurde im ganzen Land als normal angesehen. Es war die logische, unabänderliche Ordnung der Dinge. Man hatte die

Pharisäer zu respektieren und Angst vor ihnen zu haben, schließlich kannten sie Adonaïs Willen[1] ... Ganz abgesehen davon, dass man nicht mehr so recht wusste, was Adonaï eigentlich von uns erwartete! Wollte Er die römische Herrschaft? Wollte Er uns damit für unsere Verirrungen bestrafen? Den Pharisäern war das, was wir Sünde nennen, unbekannt. Sie hatten nie gefehlt! Das wusste doch jeder. Schließlich folgten sie Wort für Wort Moses selbst, also der ursprünglichen Tradition!

In meiner Erinnerung sehe ich sie oft in kleinen Gruppen dicht an den Wänden entlanggehen. Trubel und Marktgeschrei mieden sie, wo sie nur konnten.

Sobald sie sich jedoch der Synagoge oder einem anderen heiligen Ort näherten, schritten sie hoch erhobenen Hauptes einher und führten mit doktrinären Reden in all ihrer Unnachgiebigkeit das große Wort.

Es war allgemein bekannt, dass auch sie sich längst an die Besatzung durch die römischen Legionäre gewöhnt hatten, zumal die Beamten des Kaisers klug genug gewesen waren, ihnen ihren Machtbereich zu überlassen - die Kontrolle des Bewusstseins.

Doch der Schein trügte. Nach einigen Gesprächen mit dem Meister und mit einer Reihe von Menschen, die ihm nahestanden, musste ich einsehen: Die Pharisäer taten nur so, als würden sie mit der Besatzungsmacht gemeinsame Sache machen. In Wirklichkeit verachteten sie die Römer zutiefst. Sie waren ihnen viel zu 'unrein'. So wandten sie ständig irgendwelche Tricks und Strategien an, um sie hinters Licht zu führen. Man musste schon sehr naiv sein, wenn man glaubte zu wissen, was sie wirklich dachten.

Mein ganzes, von Essener Kultur und Sensibilität geprägtes Wesen lehnte sich dagegen auf, wie die Pharisäer in Palästina

1) Adonaï. Einer der Namen Gottes in den heiligen hebräischen Schriften.

auftraten und handelten ... und ich war gewiss nicht der Einzige, der mit Ablehnung auf sie reagierte.

Auch die Gemeinde, aus der ich kam, ignorierte sie lieber, als sich mit ihnen anzulegen ... Diese Haltung wurde uns freilich vielfach heimgezahlt.

Die Essener

Wir Essener waren in Sachen Toleranz weiß Gott nicht immer ein Vorbild, obwohl das von uns oft angenommen wurde. Um ehrlich zu sein, war unsere Gemeinschaft gespalten und zwar so sehr, dass der Ausdruck 'Bruderschaft' zuweilen kaum noch zutraf. Zunächst einmal waren da die Ältesten, von denen die meisten in der Umgebung des Toten Meeres hinter sandfarbenen Mauern ein sehr raues Leben führten.

In ihrer Askese, die fast ebenso dogmatisch war, wie die der Pharisäer, empfand ich auch sie als beängstigend. Ich muss zugeben, dass ich ihre Sitten und Gebräuche, die unmittelbar von den Leviten[2] inspiriert waren, nie mochte. Ja, die Alten waren schnell mit Strafen bei der Hand!

Jedes Mal wenn ich zu einem Besuch bei ihnen mitgenommen wurde, fiel mir auf, dass sich bei ihnen leichter und schneller eine Liste von erlaubten als von verbotenen Dingen erstellen ließ.

Inzwischen leuchtet mir ein, was für einen echten, hartnäckigen Willen sie hatten, den Weg des Guten und Wahren zu gehen.

2) Leviticus: Ein Buch Moses', in dem das göttliche Gesetz auf extrem anspruchsvolle Weise ausgelegt und das Leben bis in die kleinsten Details reglementiert wird.

Sie wollten zu dem gelangen, was sie 'das Angelische Licht des Allerhöchsten' nannten. Im Gegensatz zu den Pharisäern war ihre extreme Art nicht berechnend. Sie waren ehrlich.

Ihr größtes Problem war wohl dieser grauenhafte, uneingestandene Stolz. Sie sahen sich in einer elitären Sonderrolle, die ihnen kaum je erlaubte, ihre Refugien aus Stein und Sand zu verlassen.

Ich selbst bin nicht in diesem Umfeld aufgewachsen. Ich gehörte zu "denen vom Dorf", die das Volk wegen ihrer langen, reinen Gewänder einfach "die Brüder in Weiß" nannte. Auch wir, die Essener aus den Dörfern, waren nicht sehr zahlreich. Es gab nur ein paar zerstreute Gemeinschaften, die sich niedergelassen hatten, wo man etwas anbauen und in Familienverbänden leben konnte.

Genau wie die Alten hatten auch wir Schwierigkeiten, mit der Außenwelt in Kontakt zu treten, das muss man durchaus zugeben. Auch wir waren von jener 'Krankheit' befallen, die uns das Gefühl gab, zu einer 'anderen Gattung Mensch' zu gehören.

Doch anders als die Asketen von Qumran, legten wir den Akzent unserer täglichen Glaubenspraxis ganz bewusst auf die Tugenden der Sanftmut und Gefälligkeit im Umgang. In gewisser Weise war das auch ein Schutz.

Wir gaben uns also Mühe, Toleranz zu predigen ... selbst wenn auch wir immer wieder von einer gewissen Rigidität und Strenge erfasst wurden.

Es ist klar, dass wir aus den Dörfern uns mit den Menschen, die sich in ihren Klöstern einsperrten, nicht sonderlich gut verstanden. Ich erinnere mich lebhaft, dass wir bei ihnen als Abtrünnige und Schwächlinge galten. In den Augen des palästinensischen Volkes genossen wir 'Abtrünnigen' jedoch ein höheres

Ansehen, das muss man schon sagen ... Wir wurden sogar geschätzt. Warum? Oh, ich denke, da standen ganz praktische Interessen im Vordergrund. Viele von uns waren ja Therapeuten!

Wir kannten uns mit Kräutern besser aus, als alle anderen und hielten auch mit unserem Wissen über die unsichtbare Verbindung zwischen Körper und Seele nicht hinterm Berg. Es gab bei uns sogar eine geheime Ausbildung dazu, in deren Zentrum Rituale standen, die dazu dienten, uns mit den himmlischen Hierarchien, insbesondere mit der Welt der Elohim in Verbindung zu setzen.

Freilich hatte bei Weitem nicht jeder von uns Zugang zu diesen Dingen. Es war jedoch bekannt, dass wir damit umzugehen wussten. Das verlieh uns gleichsam eine mysteriöse, magische Aura.

Mir persönlich gefiel es, dass man uns so sah. Unser Ruf als Heiler hat uns wohl auch oft geholfen, ungeschoren davonzukommen, wenn das Leben gerade nicht einfach war. Das heißt jedoch nicht, dass wir besonders beliebt waren - überhaupt war unklar, wer wen mochte. Doch wir wurden fast überall respektiert. Wir wurden gebraucht, so viel war klar!

Die Betsaids[3], die wir überall eingerichtet hatten, waren sichere, unentgeltliche Schutzräume für schwangere Frauen, Kranke, Verletzte und Sterbende, aber auch Bedürftige auf der Durchreise.

Der aufrechte, schlichte Sinn für das Gastrecht war vermutlich unsere wichtigste Eigenheit und Tugend.

Im Kloster Karmel[4], wo ich einen großen Teil meiner Kindheit damit zugebracht habe, die Verbindung von Sichtbarem und

---

3) Betsaid: Eine Art Krankenstation und Herberg. Vgl. "Essener Erinnerungen", Silberschnur Verlag, Kapitel III.

4) Karmel: Vgl. "Essener Erinnerungen".

Unsichtbarem zu studieren, nahmen unsere Lehrer eine mittlere Position zwischen den Dorfgemeinschaften und den Ältesten der Wüste ein.

Mir ist heute mehr denn je bewusst, welch ein Privileg es war, an diesen Studien teilnehmen zu dürfen. Zugleich ist mir aber auch klar, dass unsere Lebensweise dermaßen anspruchsvoll war, dass ich hätte daran zerbrechen können. Da ich viele Jahre gezwungen war, mich zwischen Sanftmut und Strenge zu bewegen, hatte ich noch lange das Gefühl, auf einem Seil zu gehen, das über einen Abgrund gespannt war.

Alle aus meinem Volk, welche Ausbildung und Prüfungen des Karmel durchlaufen hatten, erkannten sich überall im Land gegenseitig.

Es lag ein anderes Leuchten in ihrem Blick, sie hatten einen anderen Gang und eine andere Art zu sprechen. Diese Zeichen genügten. Und so fühlte man sich, wenn man aus dem Karmel kam, wiederum nicht ganz dazugehörig, man stand ein wenig 'abseits' ... selbst unter denen, die ohnehin schon 'abseits standen'.

Wie leicht aber konnte man in die Falle tappen und an dieser Außenseiterrolle auch noch Gefallen finden! Das war eine der ersten Warnungen, die der Meister mir gegenüber aussprach, als Er leibhaftig in mein damaliges Leben trat.

Jeder im ganzen Land wusste, dass auch Er von den 'Brüdern in Weiß' abstammte, auch wenn Er es meist vermied, so auszusehen. So versuchte Er zum Beispiel in seiner Kleidung darüber hinauszugehen. Er trug ein langes Leinengewand, wie wir alle, krempelte es aber, wenn es heiß war, und Er weite Strecken zu Fuß zurücklegte oder mit den Fischern zusammen war, manchmal bis zum Knie hoch. Davon waren viele schockiert ... So etwas tat ein Rabbi doch nicht! Jedenfalls kein Rabbi seines Formats. Ich erinnere mich, dass ich selbst einmal höchst befremdet darüber war, dass Er ganz ungeniert eine Tasche aus irgendeinem

Raubtierfell bei sich trug. Ich hatte so etwas noch nie gesehen und fand es mit unserem Glauben unvereinbar.

“Na, Simon!”, sagte Er zu mir, “stört dich diese Tasche? Ein Zenturio hat sie mir gestern geschenkt, nachdem ich ihn behandelt hatte ... Das ist meine Art ihm zu danken, dass er die Anwesenheit des Ewigen ermöglicht hat. Hast du etwas gegen eine Regung des Herzens einzuwenden?“

An diesem Tag habe ich meine Lektion erhalten, auch wenn sie schwer zu verdauen war ...

Und im Übrigen, wenn ich mich so in den Straßen von Samarien, Galiläa oder Judäa mit den anderen umherziehen sehe, muss ich feststellen, dass alle, die wie ich, in den Dorfgemeinschaften aufgewachsen waren, schon längst mit bestimmten Tabus der Ältesten aus der Wüste gebrochen hatten.

So trug ich zum Beispiel manchmal einen Wollmantel. Das war in den Augen der Puristen unserer Bruderschaft ein Vergehen. Wollsachen waren untersagt, weil dem Fell etwas Tierisches anhaftete, das sich auf uns übertragen konnte. Angeblich haftete ihm - genau wie Blut oder Haut - die Triebhaftigkeit der tierischen Gattung an. Wir lebten ja auch ziemlich streng vegetarisch ...

Und dann die Haare! Ich wäre nie auf die Idee gekommen, meine schneiden zu lassen. Sie lang und offen zu tragen, war ein wesentlicher Bestandteil meiner Persönlichkeit, aber auch ein traditionelles Zeichen meiner Herkunft.

Auch der Rabbi Jeshua trug meist langes Haar. Wenn es windig war, hielt Er es auf ganz eigene Weise mit einem metallischen Band zusammen, das mit einem Leder- oder Stoffbändchen geschmückt war. Das wunderte uns ... Manchmal band Er sein Haar auch im Nacken zu einem Knoten zusammen. Zwei oder drei Mal sah ich auch, wie seine Haare recht kurz geschnitten waren.

Man könnte einwenden, das sei doch in diesem Zusammenhang ganz unwichtig. Ich bin mir da nicht so sicher, kommt darin doch ein wesentlicher Charakterzug des Meisters - zumindest in Hinblick auf die Essener - zum Ausdruck.

Er wollte scheinbar unverrückbare Prinzipien und erstarrte Vorstellungsbilder zerstören und tat das sogar mit einem gewissen Vergnügen.

Im Grunde spielte Er einfach gerne. Heute weiß das kaum noch jemand und auch damals war es kaum einem bewusst. Es schien unvorstellbar.

Die verspielte Seite des Lebens wurde von uns Essenern ohnehin kaum beachtet. Man sprach vielleicht von unserer Sanftmut, unserem Wissen oder unserer ganz selbstverständlichen Neigung zur Diskretion. Doch man hätte nie von uns gesagt, wir seien fröhlich oder würden gerne scherzen. Das stimmte auch ... Wir waren sicher viel zu ernst! Auch die Nazarener, mit denen wir ständig verwechselt wurden, trugen nicht dazu bei, unseren Ruf in dieser Hinsicht zu bessern.

Nazarener und Essener

Die Nazarener lebten, wie die meisten unserer 'Alten', in der Nähe des Toten Meeres in Grotten oder winzigen Klöstern. Zu allem Überfluss hatten sie auch untereinander kaum Kontakt. Unserer Geschichte zufolge waren wir ursprünglich ein und dasselbe Volk, das jedoch etwa hundert Jahre zuvor durch eine zunächst kaum merkliche Spaltung geteilt worden war.

So gab es Anhänger einer 'harten' und einer 'etwas weniger harten Linie'. Nazarener wurden die Strengsten und Härtesten genannt. Soweit ich mich erinnere, hatten sie etwas Rechthaberisches an sich. Ständig wollten sie die anderen von etwas überzeugen. Das ging so weit, dass wir sie tendenziell als kriegerische Seelen wahrnahmen.

Ihrer äußeren Erscheinung und Kleidung nach, sahen sie uns ähnlich. Doch sie streuten oft Asche auf ihr Haar und trugen mehrere Lagen rot gefärbter Kornketten um den Hals. Da sie nicht so diskret waren wie wir, übertönte ihr Name oft den unseren. Auch vom Meister hörte ich oft als von 'dem Nazarener' oder auch "Nazariten" sprechen, was auf dasselbe hinausläuft.

Die echten Nazarener verwehrten sich jedoch dagegen, dass man den Rabbi Jeshua für einen von ihnen hielt. Ich habe oft gehört, wie sie sich darüber aufregten und dagegen protestierten. Da Er die meisten ihrer Verbote übertrat, war Er für sie ein gottloser Aufrührer. Obwohl Er eigentlich kein Fleisch aß, hatte Er doch mehrmals bei den Beduinen in der Nähe von Jericho etwas Lamm gegessen. Sie wussten davon und es war für sie unvorstellbar!

Das Volk

So blieben alle in ihrer eigenen Welt eingeschlossen. Das einzige Verbindungsglied der Gesellschaft war das gemeine Volk, also jene, die sich weder Sadduzäer, Pharisäer noch Essener oder Nazarener nennen konnten. Es bestand vor allem aus Fischern, Bauern, Handwerkern, kleinen Händlern sowie Armen und Elenden.

Sie alle waren natürlich ungebildet und infolgedessen unterwürfig ... Sie dachten nicht groß nach und hatten keine eigene Meinung.

Wenn ich sie so beobachtete, während der Meister ihre Aufmerksamkeit auf sich zog und sie begannen, sich Fragen zu stellen, spürte ich jedoch, dass sie einen soliden, gesunden Menschenverstand besaßen. Darauf stützte Er sich, wenn Er seine zahllosen, symbolträchtigen oder allegorischen Geschichten erzählte.

Jeshuas Gabe zu Reden begeisterte uns alle. Das Volk war dermaßen an kalte, leblose Vorträge und anklagende Predigten gewöhnt, dass bereits der neue Ton, den der Meister im Vergleich zu den Würdenträgern der religiösen Autorität anschlug, einen Teil seiner Faszination ausmachte. Das Volk brauchte Bilder und Fakten. Es waren einfache Menschen, sie wollte die Dinge vor sich sehen ...

Der Rabbi fesselte sie völlig, das muss ich schon sagen. Die Erzählungen von seinen Heilungen und Wundern gingen stets im ganzen Land herum. Manche waren allerdings frei erfunden oder stark ausgeschmückt, als sei das, was wirklich geschah, noch nicht außergewöhnlich genug.

Diese 'frommen Lügen' schadeten freilich dem Ansehen und der Lehre des Rabbis Jeshua. Es muss wohl nicht eigens erwähnt werden, dass die Pharisäer sie sich zunutze machten, um seinen Ruf zu zerstören. Sie machten einen Schwärmer und Unruhestifter aus Ihm. Im besten Fall stellten sie Ihn den Zauberern gleich, die andauernd in unmittelbarer Umgebung von Sinai unterwegs waren.

Man muss nämlich wissen, dass viele im Lande an Magie glaubten, also an die Fähigkeit, die manche Menschen haben, mit unsichtbaren Kräften umzugehen. Nur die Sadduzäer zuckten einfach die Schultern und machten sich, wie gesagt, darüber lustig.

Den Rabbi Jeshua selbst kümmerte es anscheinend kaum, was über Ihn und seine wunderbaren Handlungen geredet wurde.

Er wollte eindeutig die Massen ansprechen und begriff von Anfang an, dass sie von großen Reden nichts verstanden und man sie mit etwas Einfachem und Greifbarem aufrütteln musste.

“Ihr wisst nicht einmal, an was ihr glaubt und auch nicht warum ihr glaubt!“ Das wiederholte Er unermüdlich, überall, wo Er hinging.

Ich habe oft beobachtet, dass die Leute das schockierte und wütend machte ... Aber Er erreichte damit sein Ziel, denn das einfache Volk hörte Ihm letztlich wohl oder übel immer zu. So kam dessen eingerostetes Bewusstsein doch etwas in Bewegung.

Er verkündete überall, dass Er gekommen sei, um uns aufzurütteln und unser Gedächtnis aufzufrischen. Er wolle uns nichts anderes beibringen, als uns selbst wiederzufinden, so wie wir in Wahrheit in der Tiefe unseres Wesens sind.

“Bist du gekommen, um das Gesetz neu zu erfinden?” wurde Er selbst in den demütigsten Kreisen oft gefragt. Er gab darauf immer dieselbe Antwort: “Das Gesetz ist das Gesetz. Da es göttlich ist, kann man es weder erfinden noch verändern oder zerstören. Mein Vater hat mich nur gebeten, die schönsten Seiten dieses Gesetzes von dem Vergessen zu befreien, von dem es überschattet wird ...”

Ich erinnere mich, dass es einfachen Menschen leider sehr schwerfiel, die Tragweite dieser Worte zu verstehen. Nun sollte das Volk, dessen Verhalten von Priestern diktiert und reglementiert wurde, und das an Rituale gewöhnt war, deren tieferen Sinn es nicht verstand, auf einmal selbstständig denken!

Die Freiheit zu denken, zu handeln und zu sein, kann nur vermissen, wem bewusst wird, dass sie ihm fehlt. Und das sind gerade jene Menschen, die anfangen aus dem Vergessen aufzutauchen.

Es war schon immer bequemer ‘brav’ zu sein. Und so war es den Leuten stets lieber, nichts Großes vorzuhaben ... dafür aber kein Risiko einzugehen.

Diese typisch menschliche Haltung schien den Meister manchmal zu ärgern. Wenn jemand lasch und lau war und seine Empfindlichkeiten eigens pflegte, reagierte Er immer.

Die Römer

Welche Rolle aber spielten die Römer in alledem? Sie regierten sehr geschickt. Anfangs fühlten sie sich weder vom Rabbi Jeshua noch von seinem Gefolge, also von uns, gestört. Wir waren für sie nichts weiter als ein paar Mystiker, die Vergnügen darin fanden, Aufmerksamkeit zu erregen.

Doch im Laufe der Zeit wurden auch die geringsten Bewegungen und Worte des Rabbis überwacht ... und unsere ebenfalls. Im Grunde war es den Römern vollkommen egal, was Jeshua im Herzen der Menschen suchte, wenn Er sich an das Volk wandte.

Genauer gesagt, es war ihnen egal, so lange es nicht die Macht der Sadduzäer und Pharisäer infrage stellte, mit denen sie recht gute Beziehungen pflegten.

Als der Meister jedoch von immer größer und lauter werdenden Menschenmassen umlagert wurde, ging gar nichts mehr.

Die römischen Machthaber stießen sich nicht an unserer Religion und unserem Glauben ... Sie fürchteten aber den Keim eines möglichen Aufstandes gegen den offiziellen Glauben. Das störte sie letztlich auch am Meister. Sprach Er nicht allzu offen von geistiger Unabhängigkeit und einem möglichen direkten Kontakt mit *der* himmlischen Macht?

Die Römer begriffen bald, dass es von der einen Unabhängigkeit bis zur nächsten nur ein Schritt war!

Und doch war es nicht ganz so einfach. Obwohl wir unter dem Druck der Schilder und Lanzen der Legionäre immer öfter gezwungen waren, bestimmte Orte zu räumen, gab es doch Anzeichen dafür, dass nicht ausnahmslos alle Römer unsere Feinde waren.

Man muss bedenken, dass Palästina eine kleine Welt in sich war. Da wurde viel 'getuschelt', alles sprach sich rasch herum ...

So kam uns zu Ohren, dass hinter militärischen Übergriffen oft die Pharisäer steckten. Meist gestand uns das ein Zenturio sogar recht unverhohlen selbst, ... ließ uns etwa heimlich eine Nachricht zukommen, weil er für das Wirken des Meisters nicht unempfänglich war.

Und so hatte unsere kleine 'schwer zuordenbare' Gruppe sogar bei den Römern einige Sympathisanten ... oder gar Komplizen.

Ein Vorfall ist mir besonders lebhaft in Erinnerung. Wir hatten eine wichtige Versammlung mitten in Tiberias geplant. Am Vorabend kam ein Mann auf einem Esel in unser improvisiertes Nachtlager vor den Toren der Stadt und wollte den Rabbi sprechen ... Im Verlauf des Gesprächs stellte sich heraus, dass es ein heimlicher Bote eines Obersten der Kohorte[5] war. Er sagte, er habe gehört, dass die Zeloten sich unter die Menge mischen wollten, die für den nächsten Tag erwartet wurde, um aus der Wirkung des Meisters für sich Profit zu schlagen ... und sich selbst Gehör zu verschaffen. Wir begriffen sogleich, wie das enden würde: Ein Aufruhr wäre unvermeidlich. Legionäre würden einschreiten, es würde Blutvergießen geben und Verhaftungen. Diese Nachricht bewirkte, dass das geplante Treffen abgesagt wurde. Wir zogen einfach weiter ...

Der Meister lehnte es stets ab, zum Anlass für Handgreiflichkeiten und körperliche Auseinandersetzungen mit den Machthabern zu

5) Kohorte: Römische Militäreinheit mit etwa sechshundert Legionären.

werden. Was die Zeloten wollten, war seine Sache nicht. Seine Revolution sah ganz anders aus. Das sagte Er immer wieder.

Die Zeloten

Was die Zeloten angeht, waren wir höchst geteilter Meinung, das weiß ich noch ... Einerseits waren sie als legitime Widerstandsgruppe gegenüber der römischen Besatzung allgemein anerkannt. Wenn man sich jedoch ansah, was so geschah, war man sich auf einmal nicht mehr so sicher ...

Sobald sie eingriffen, gab es unter der Zivilbevölkerung ebenso viele Tote und Verletzte wie bei den Soldaten, gegen die sie eigentlich kämpfen sollten. Man bekam schon Angst, wenn man sie nur kommen sah - oder auch bloß ahnte, dass sie in der Nähe waren. Stets musste man befürchten, dass es nicht gut ausgehen würde.

Ihr Anliegen war ganz einfach: Es ging allein darum, die Römer aus dem Land zu vertreiben. Das Problem war nur, dass ihnen dazu jedes Mittel recht war. Sie nahmen auch das Töten von Zivilisten in Kauf.

Wenn sie mit ihren roten, verwaschenen Stirnbändern irgendwo auftauchten, wusste man schon, was es geschlagen hatte. Ihre Dolche saßen sehr locker. Darum nannte man sie auch Sikarier, weil sie kurze, krumme Dolche trugen, sogenannte 'sica'.

Freilich waren sie nicht die Einzigen, die solche Waffen trugen, die meisten Reisenden hatten sichtbar eine am Gürtel, denn die Straßen waren sehr unsicher. Die Zeloten aber konnten wirklich damit umgehen, ihnen diente der Dolch nicht nur zur Abschreckung.

Was ihre tiefsten Überzeugungen anging, waren sie merkwürdigerweise fast so radikal wie die Pharisäer. Auch sie hielten sich für die Reinsten der Reinen. In diesem Punkt waren sie gleichsam ein lebendes Paradoxon. Wir fragten uns ständig, wie sich ihre 'Reinheit' mit so viel Gewalt und so vielen Morden vereinbaren ließ.

Allerdings hatte man damals auch ein anderes Verhältnis zum Leben als heute ... Das Leben war einem vom Ewigen geschenkt. Er nahm es wieder zu sich, wann immer es ihm gefiel. Das musste man nach einer kurzen, heftigen Gefühlsaufwallung einfach akzeptieren.

Ist das Paradoxon der Zeloten genau betrachtet nicht letztlich etwas zutiefst Menschliches? Zu allen Zeiten wurde im Namen von Religionen getötet, die sich im Grunde alle auf dieselbe liebende Kraft beriefen. Der Mensch ist voller Widersprüche. Sie gehören so nachhaltig zu seinem Wesen, dass man sich fragen muss, ob nicht gerade sie seine Entwicklung ausbremsen.

Die Zeloten erschienen uns jedoch nicht einfach als überzeugte extremistische Widerstandskämpfer. Jahr um Jahr wurde deutlicher, wie wahllos sie Mitglieder rekrutierten. Sie heuerten als Verstärkung ihrer Truppe auch Räuber und Mörder an. So entstand aus dem Wort 'Sica' bald der Begriff 'Sikarier', mit dem oft gedungene Mörder bezeichnet wurden.

Die Zeloten waren freilich keine geordnete, gut durchorganisierte Widerstandsarmee.

Darum waren sie auch so schwer zu fassen. Sie bildeten kleine Banden, deren Anführer regional arbeiteten und durchaus Schwierigkeiten hatten, sich untereinander abzustimmen.

Barabbas wird üblicherweise für ihren Anführer gehalten. Er war jedoch nur der Kopf der Zeloten um Jerusalem. Zu diesem berühmten Barabbas gibt es ein interessantes Detail anzumerken. Sein Name bedeutet 'Sohn des Vaters'[6]. Wenn man bedenkt, dass

6) Bar hieß auf Aramäisch "Sohn von" und Abba "Vater".

dieser Mann an Stelle von Jesus freigelassen wurde, der ganz offen erklärte, Er käme von 'seinem Vater', ist das doch ein seltsamer Wink des Schicksals. Dieser Umstand ist uns auch einst nicht entgangen, doch maßen wir ihm keine besondere Bedeutung bei, weil der Name Barabbas damals recht geläufig war ...

Kapitel II
Die Hauptrolle

Der Rabbi Jeshua

Man muss sich klarmachen, dass auch der Name Jeshua weit verbreitet war. Es gab sogar einen anderen Rabbi, der so hieß. Das stiftete anfangs sogar etwas Verwirrung, weil er ebenfalls aus Galiläa war.[7]

Der Meister selbst hatte nicht immer so geheißen. Nur wenige von uns wussten das. Wer aus den Dörfern der Essener Bruderschaft kam und seine Ausbildung im Karmel erhalten hatte - wie es bei Ihm der Fall war - bekam manchmal einen neuen Namen.

Und so wurde der kleine 'Josef'[8], den ich als Kind gekannt hatte, erst während seiner Ausbildung im Karmel zu 'Jeshua'.

Bevor ich in meine Erinnerungen eintauche, um von dem Meister zu berichten, der aus Ihm geworden ist, möchte ich von

7) Jeshua leitet sich aus dem Aramäischen Namen Jehoschua ab, kann also auch Josua heißen.

8) Vgl. "Essener Erinnerungen", Kapitel VI.

dem Rabbi - oder auch 'Rabouni', wie wir Ihn manchmal liebevoll nannten - erzählen, von dem Menschen, mit dem wir fast täglich zusammen waren. Ein Meister der Weisheit ist ja zunächst einmal ein Mensch, selbst wenn er dazu bestimmt ist, von der Gegenwart Christi erfüllt zu sein. Gerade als Mensch ist er ja 'gezwungen', sich mit den irdischen Gesetzmäßigkeiten auseinanderzusetzen. Es leuchtet mir ein, dass man diese Tatsache schockierend finden kann und doch muss sie angesprochen werden. Sie stuft das Bild eines Meisters ja nicht herab, sein Werk wird dadurch nicht geschmälert, im Gegenteil. Wie verdienstvoll wäre es denn, von einer übermenschlichen Kraft beseelt zu sein und die Meisterschaft der Weisheit zu verkörpern, ohne dabei an sich selbst arbeiten zu müssen, um seine eigene göttliche Essenz hervorzubringen. Wahre Größe kommt immer von Dem, was man im Schweiße seines Angesichtes kultiviert und pflegt, von der Menge an 'menschlichem Blei', das man in seinem Innersten in geistiges Gold verwandeln kann.

Und so musste der 'kleine Josef' - selbst Sohn des Josef - sich wie jeder andere auch, zunächst einer harten Disziplin unterwerfen, um die Herrlichkeit seines Wesens wieder zum Leuchten zu bringen. Er war in einer Essener Dorfgemeinschaft aufgewachsen und hatte dann die überaus strenge Schule des Karmel durchlaufen.

Während der langen Abende, die wir an seiner Seite verbrachten, wollte Er nur sehr selten darüber sprechen. Nur weniges davon vertraute Er uns an. Soweit ich mich erinnere, gab es im Laufe der Jahre lediglich vereinzelte Momente, in denen Er überhaupt davon sprach. Dahinter steckte jedoch wohl kaum Scham oder Zurückhaltung. Es ging nicht darum, ein Geheimnis daraus zu machen. Es war Ihm einfach nicht wichtig. Er sagte, Er habe Besseres zu tun, als uns seine 'menschlichen' Erinnerungen mitzuteilen.

Auf der menschlichen Ebene war Er ja mit der Essener Bruderschaft verbunden und diese menschliche Seite war stets deutlich spürbar. Bis auf den heutigen Tag bin ich fest davon überzeugt, dass dieser scheinbar zweitrangige Aspekt wesentlich dazu beigetragen hat, seine Gegenwart auf Erden und sein Werk unsterblich zu machen.

Der Volksglaube, den vor allem die Römisch-Katholische Kirche schürte, geht davon aus, das Jeshua als Christus geboren wurde, das heißt, vom ersten Augenblick an in vollem Bewusstsein und vollendeter Perfektion. Er hätte dann also nichts mehr lernen müssen, sondern wäre von Anfang an der inkarnierte Gott gewesen, mit absolutem Wissen ausgestattet und allmächtig ...

Als Zeuge dessen, was sich vor zweitausend Jahren abgespielt hat, muss ich sagen, dass diese Sicht auf die Dinge nicht nur erstaunlich naiv ist, sondern auch eine Lüge enthält. Zwar hatte der kleine Josef - der spätere Jeshua - von Kindesbeinen an außergewöhnliche Talente und Fähigkeiten. Es zeugt jedoch von totaler Unkenntnis der Entwicklungsgesetzte der Inkarnation, anzunehmen, Er sei von Anfang an völlig Er selbst und 'der vollkommene Christus' gewesen.

Ich würde vielmehr sagen, dass Jeshua, bevor Er sich überhaupt Rabbi nennen konnte, daran arbeiten musste, sich an sein eigenes Wesen zu erinnern, sich also überhaupt mit seinem tiefsten Gedächtnis zu verbinden und sich seiner Aufgabe wieder inne zu werden ...

Er machte auch keinen Hehl daraus, wenn Er unserem Fragen mitunter nachgab. Voll Demut sprach Er dann von sich selbst als von einem Schüler, der sich mit seinen eigenen Schwierigkeiten und äußerst anspruchsvollen Lehrern herumschlagen musste. Diese erwarteten umso mehr von Ihm, als sie ahnten, mit Wem sie es zu tun hatten.

In solchen Momenten begriffen wir, dass die Größe eines Menschen nicht von göttlicher Gnade herrührt. Er muss sie vielmehr aus sich selbst ziehen, sie also aus den Tiefen der bereits in früheren Leben erreichten Meisterschaft wieder hervorholen.

Ein kleines Kind oder ein Jugendlicher sind zunächst einmal ganz Kind und Jugendlicher, den natürlichen Rhythmen der Reifungsprozesse unterworfen ... selbst wenn der kostbarste Diamant in ihrem innersten Wesen verborgen ist. Wenn ich die intimen Momente, die ich mit dem Meister teilen durfte, vor meinem inneren Auge in sehr konkreten Bildern vorüberziehen lasse, kann ich dabei unmöglich nur von dem Christus sprechen, der Er war, und den Menschen dabei völlig außer Acht lassen.

Dieser Mensch hatte dieselben Bedürfnisse wie wir alle. Er hatte Hunger und Durst. Und Er konnte müde sein, manchmal sogar zum Umfallen müde ... und gelegentlich schnarchte Er auch. Es mag töricht oder banal anmuten, daran zu erinnern, doch obwohl Er ein anderes Bewusstsein hatte als wir und stets einen starken Willen, sowie erstaunliche Fähigkeiten an den Tag legte, so war doch sein Körper durch und durch menschlich. Der Meister konnte sich genau wie wir an einem scharfen Felsen die Fußsohle aufreißen und Er musste sich genau wie wir vor einem Sonnenbrand und noch vielen anderen Dingen schützen.

Ich habe Ihn sogar mehrmals weinen sehen, ganz bitterlich etwa, als Er von der Enthauptung Johannes des Täufers erfuhr. Das kam uns damals ganz normal vor, denn niemand schämte sich dafür, seinen Schmerz auszudrücken.

Heute geht es in unserem Abendland ganz anders zu. Wenn jemand seine Gefühle nicht im Griff hat oder es wagt, sie zu äußern, wird er zumeist für schwach gehalten – unfähig zur Selbstkontrolle. Im Grunde ist das jedoch nur eine Frage der kulturellen Prägung.

Dennoch werde ich oft gefragt, wenn ich die Tränen des Meisters Jeshua erwähne: "Hatte Er also Gefühle?"

Ja, natürlich war Jeshua, der Mensch und Rabbi zu Gefühlen fähig. Ich würde sogar sagen, *zum Glück* hatte Er welche ... Man darf das jedoch nicht falsch verstehen. Es heißt ja nicht, dass Er ihr Spielball gewesen wäre oder sie nicht unter Kontrolle hatte. Er konnte dazu stehen, sie zu zeigen, weil Er das Edle und Würdige seines inkarnierten Wesens ohne Abstriche anerkannte.

Entehrt einen denn der Schmerz, den Herz oder Seele empfinden oder machen sie einen schwächer? Niemand wird wagen, solches zu behaupten, hoffe ich.

Es geht hier nicht um Gefühlsduselei oder Übererregbarkeit, sondern um den reinen, unmittelbaren und schönen Ausdruck dessen, was eine Seele zum Menschen macht.

Der Meister wollte nie Grenzen zwischen Ihm und uns errichten. Er teile unser Leben voll und ganz. Er konnte enttäuscht sein und angesichts mancher Verhaltensweisen sogar scheinbar wütend werden. Ich sage ‘scheinbar’, weil diese Wut nichts Wildes und Willkürliches an sich hatte. Sie war kontrolliert und durchdacht bis in ihre feinsten Ausdrucksformen hinein, als sei sie schon als Lehre für uns angelegt.

Die berühmte Tempelreinigung, bei der Er die Händler kurzerhand aus dem Tempel jagte, ist wohl das beste und bekannteste Beispiel dafür.

Die Wut, die Er an den Tag legte, war nur die Oberfläche. Sie war nicht etwa Ausdruck eines brutalen, unkontrollierbaren Teils seiner Persönlichkeit, sondern der klug geführte Wille, an den Respekt zu erinnern, der einer heiligen Stätte zusteht.

Ich hatte das Privileg mich kurz nach diesem Ereignis, das in Jerusalem einen Skandal auslöste, in Seiner Gesellschaft zu befinden.

Der Meister pochte zwar durchaus auf die kaltblütige Geschäftstüchtigkeit der Händler, die Er zur Ordnung gerufen hatte, lachte aber zugleich selbst über seine Reaktion und zeigte sich von der Wirkung seines Handelns durchaus amüsiert. Darin erinnerte Er mich an einen unserer Mönche aus dem Karmel, der immer so tat, als würde er sich über uns ärgern, damit wir uns beim Lernen noch mehr anstrengten. Als mein Aufenthalt dort zu Ende ging, durchschaute ich schließlich das Spiel und seine Strategie löste sich in einem verschwörerischen Lachen zwischen uns auf.

Seltsam war auch, wie viel Nähe der Rabbi Jeshua zwischen sich und uns zuließ. Ich muss allerdings zugeben, dass sie uns manchmal unangenehm war. Bei mir führte sie zum Beispiel zu Schüchternheit und hinderte mich daran, Fragen zu stellen. Ich bin mir übrigens sicher, dass ich nicht der Einzige war, der so empfand.

Was Jeshua als Mensch angeht, ist es wohl sinnvoll darauf hinzuweisen, dass Er die Demut besaß, Hilfe anzunehmen, wenn Er welche brauchte, ganz ungeachtet der spirituellen Dimension, die Er verkörperte. Ich erinnere mich, wie Er sich einmal das Kniegelenk verletzte, als Er im Gebirge am See Genezareth über ein paar Felsen kletterte. Er bat damals um eine Salbenmassage und dass Ihm für den Rest des Tages seine Tasche abgenommen würde.

Man mag einwenden: "Ja konnte Er sich denn nicht selbst heilen?" Das hätte Er wahrscheinlich gekonnt, wenn Er auf seine Verbindung mit der feinstofflichen Welt zurückgegriffen hätte. Es ist jedoch klar, dass Er unter uns Menschen so weit wie möglich Mensch bleiben wollte. Nie habe ich Ihn seine - wenn man so will - übernatürlichen Fähigkeiten auf banale, alltägliche Ereignissen anwenden sehen. So hätte Er zum Beispiel auch nicht einfach 'zum Spaß' Nahrung hergestellt, weil wir Hunger hatten. Wir besorgten sie uns auf normalem Wege: durch Kauf, Dienstleistungen oder Tausch.

Wenn Er seine Fähigkeiten auf diesem Gebiet spielen ließ, so ging es stets darum, uns etwas zu lehren, um uns die Allmacht des Geistes vor Augen zu führen.

Wir aßen überhaupt sehr wenig. Es war nicht Jeshuas Art, jemanden zum Fasten oder zur Genügsamkeit zu zwingen. Schon sein Leuchten und seine Strahlkraft bewirkten, dass wir kaum an üppige Mahlzeiten oder ein Übermaß an Lebensmitteln dachten. Und doch wurden sie uns zuweilen zuteil, wie ein echtes Geschenk des Himmels, wenn etwa ein abtrünniger oder wagemutiger Sadduzäer uns in sein Haus einlud.

Wenn man dem Meister ein wenig Wein anbot, so verschmähte Er ihn nicht. Er trank niemals zu viel, räumte aber gerne ein, dass Er ihn zur Erbauung und Entspannung zu schätzen wusste. Ich hörte, wie einige von uns, die bestimmten religiösen Gruppen angehörten, behaupteten, es sei gar kein echter Wein ... sondern nur Traubensaft[9]. Das ist ja ein Witz oder eher eine Heuchelei! Der Meister war doch nie jemand, der Barrieren errichtet oder Verbote aufgestellt hat. Er verkörperte eine wunderbare Botschaft der Freiheit und des rechten Maßes, die aus Sicht der Pharisäer haarsträubend war ... Das gilt für die heutigen ebenso wie für die von einst!

Der Mensch Jesus war überraschend frei - so frei, dass man manchmal nicht wusste, woran man bei ihm war. Er war fähig, jederzeit eine andere Richtung einzuschlagen, wie ein Tier, das etwas wittert, etwas Einladendes oder eine Gefahr. Ihm zu folgen war deshalb eine ständige Übung im Loslassen.

Und auf diesem Weg forderte Er uns oft dazu auf, uns aufzulehnen.

"Wenn ich mich nun plötzlich von diesem Felsen stürzen würde, würdet ihr mir dann folgen?" Manchmal fügte Er noch hinzu: "Es kann vorkommen, dass ich meinen Weg erst suchen muss ... Ich meine nicht meinen inneren Weg - der ist vorgezeichnet - ich spreche von meinem 'Weg auf Erden'. Ich bin kein Granitblock,

9) Oder eine Art Harz, dem Wasser beigemischt wurde, wie in Griechenland.

wisst ihr. Mein Vater hat mir Freiheit geschenkt. Ich habe die Möglichkeit, mich frei zu bewegen. Also ist es auch ein Geschenk, wenn meine Schritte manchmal zögern ... Diese Lehre ist wichtiger, als es den Anschein hat. Merkt sie euch gut ..."

Der Überlieferung zufolge hatte Er von seinem Vater als Kind das Schreinerhandwerk gelernt. Das stimmt, doch es lag Ihm wenig, Er mochte es einfach nicht besonders. Spaß machte es Ihm hingegen, eine Steinmauer zu bauen oder zu reparieren, einen Baum zu beschneiden oder einem Bauern auf seinem Stück Land beim Säen zu helfen. Mit den Händen zu arbeiten machte ihm nichts aus. In dieser Hinsicht setzte Er die Lebensweise des Karmel genau um. Wie ein Baum nicht ohne Wurzeln wachsen kann, durfte sich ein Mensch aus seiner Sicht nicht von den irdischen Dingen fernhalten.

In seinen Augen sollte die Durchlässigkeit zwischen den beiden Welten, mit denen der Mensch zu tun hat, und aus denen er auf ganz natürliche Weise hervorgegangen ist, nachhaltig gepflegt werden. Etwas wie ein Riss oder ein Schnitt waren Jeshua fremd.

Wenn Er einmal mit einem bestimmten Menschen keinen Kontakt mehr haben oder an einen Ort nicht zurückkehren wollte, so betrachtete Er seine Entscheidung lediglich als vorübergehend. Es war nur eine Phase, die früher oder später - zur rechten Zeit - auf konstruktive Weise von einer anderen abgelöst werden würde, weil alle Seelen am Ende ihrer Entwicklung in eine gemeinsame Kommunion eintreten.

Wenn Er mit jemandem im Konflikt lag, so durchlebte Er die Situation so nüchtern und frei von unmittelbaren Affekten wie ein Schauspieler, der sich nicht von seiner Roll 'verschlingen' lässt, weil er über den Dingen steht und das Drehbuch im Kopf hat.

Das bedeutete jedoch keineswegs, dass Er angespannten Situationen mit einer kalten, abgehobenen Haltung gegenüberstand. Das kann ich unmittelbar bezeugen.

Ich habe immer wieder erlebt, dass der Rabbi Schmerz empfinden konnte. Er war nie ein Marmorblock, der schwer zu bearbeiten ist.

Er besaß lediglich die außergewöhnliche Fähigkeit, in einer aggressionsgeladenen oder verletzenden Situation innerlich rasch auf Distanz zu gegen. Wenn man von irgendjemandem sagen kann, dass Er 'im Hier und Jetzt' lebte, so war Er es.

Dabei wollte Er keineswegs mit allen Mitteln nur die angenehmen Seiten des Lebens in Erinnerung behalten. Vielmehr war sein ganzes Wesen in der Lage, mit erstaunlicher Geschwindigkeit eine Verletzung oder einen Angriff zu verwandeln, ja, gleichsam zu transzendieren.

Nachtragend zu sein war ihm völlig fremd.

Beleidigungen, Verleumdungen und üble Nachrede glitten von Ihm ab ... und zwar so sehr, dass es Leute gab, die Ihn für ängstlich oder feige hielten.

Gott weiß jedoch, dass diese beiden traurigen Eigenschaften keineswegs auf Ihn zutrafen! Jeshua schuf vielmehr immer wieder Situationen, von denen Er absehen konnte, dass sie einen Sturm der Entrüstung auslösen würden, der sich am Ende gegen Ihn selbst wandte. Im Grunde war der Rabbi Jeshua ein Provokateur. Nicht etwa weil Ihm eine angespannte Atmosphäre angenehm war, sondern weil Er es als Teil seiner Aufgabe ansah, die Menschen aufzurütteln und ihre verstaubten, vergifteten Denkweisen hervorzukehren.

Bereits seine Erscheinung war auffällig. Schon physisch war Er eine faszinierende Gestalt. Das irritierte jedoch auch viele Leute, gerade solche, die ein innere Abwehrhaltung pflegten und ein sprödes Herz besaßen, das jeden Augenblick bereit war zuzuklappen wie eine Auster.

Allein schon von seiner Statur her überragte Er ja viele. Mit seinem langen, kastanienbraunen Haar und seinem gepflegten Bart stach Er aus einer Menschenmenge einfach heraus. Seinem Blick konnte man nicht ausweichen. Wenn man seinen Augen begegnete, spürten sie etwas in einem auf, das man selbst nicht kannte.

Viele fühlten sich von diesem Blick belästigt, weil er die Seele bloßlegte und einem unmittelbar zu verstehen gab, dass man Ihn nicht betrügen konnte ... Das war freilich nicht allen Leuten recht!

Allerdings ging es Ihm in seiner Alltagsexistenz als Mensch keineswegs darum, uns etwas von dem aufzuzwingen, was in Ihm lebte. Er wollte uns nicht etwa seine Art zu Sein aufdrängen. Er tat vielmehr alles dafür, uns unsere eigene deutlich zu machen, nämlich unsere Unterwürfigkeit und die Trennung vom Wesenskern.

Der Mensch Jeshua sprach nicht so oft von *Seinem* Vater, wie es in den kanonischen Schriften behauptet wird. Der Mensch und Rabbi sprach vor allem von uns, von unseren Ungereimtheiten und Widersprüchlichkeiten, unserer Trägheit und unseren Ängsten ... kurz gesagt, von unseren Schwächen, die nicht zu der Arroganz passte, die wir an den Tag legten.

In diesen Dingen nahm Er kein Blatt vor den Mund. Er benutzte dabei die Sprache des einfachen Volkes und schreckte auch nicht davor zurück, Witze zu machen, die an der Grenze des Sagbaren lagen, solange sie nur Gedanken enthielten, die zu Herzen gingen.

Diese Haltung wurde Ihm von Priestern aller möglichen Richtungen oft vorgeworfen. Sie meinten, Er würde ‘zu breit und zu tief schürfen’, um von sich behaupten zu können, das Wort des Allerhöchsten zu vertreten.

Er aber lächelte nur darüber. Es gab für ihn kein 'zu tief und kein zu breit', genauso wenig, wie es ein 'zu hoch' geben konnte. Er sprach nicht nur als Meister, sondern zuallererst als Mensch und Er wollte wahrhaftig sprechen, so, wie sein Herz es Ihm sagte und wie Er es seinen Zuhörern zumuten konnte. Obwohl Er gebildet war, schätzten die Gebildeten dieses Vorgehen nur in Maßen.

Kurz gesagt, Er ließ sich nicht beeinflussen, selbst von der Essener Bruderschaft nicht.

Soll ich sagen, dass sie sich weigerten, in Ihm etwas anderes zu sehen, als einen mutigen oder gar dreisten Rabbi, der recht hochtrabend, ja fast schon häretisch auftrat? Nur sehr wenige aus seiner ursprünglichen Gemeinde brachten die Demut auf, in Ihm einen Meister der Weisheit und schließlich auch den Messias[10] zu erkennen, den sie erwarteten.

Nun darf man nicht glauben, dass die Ablehnung durch 'seine eigenen Leute' für das Leben des Rabbis Jeshua keine Bedeutung hatte. Es wäre ein Irrtum zu meinen, dass es dem Menschen in Ihm gleichgültig war. Der Meister in Ihm, der offenbarte Christus, wusste, akzeptierte und verstand es natürlich ... Aber jedes inkarnierte Wesen besteht eben auch aus der verletzlichen Oberfläche seiner menschlichen Hülle. Allerdings konnte der Meister die Verletzungen, die er als Mensch erlitten hatte rasch überwinden, indem er ihnen eine höhere Bedeutung beimaß. Es ist ein Gemeinplatz zu sagen: *"Niemand ist Prophet im eigenen Land."* Es aber wirklich zu erleben, so wie Er es erlebt hat, ist nicht leicht zu verarbeiten, das kann ich euch versichern. Abgelehnt zu werden konnte ein körperliches Todesurteil bedeuten.

Ich erinnere mich noch genau, dass wir selbst zu Zeiten, in denen die Machthaber uns nicht feindlich gesinnt waren, mehrfach

10) Das Wort Meschiah - der Messias - entspricht dem Wort Christus, der Erwählte, der Gesalbte, also der vom Ewigen Gesegnete.

um die Sicherheit des Meisters bangten. Macht basiert stets auf der Passivität oder Komplizenschaft derer, die sie zulassen und sich ihrem häufig so ungerechten Diktat unterwerfen.

“Jede Macht, die auf der Schwäche jener beruht, die es aufgegeben haben, ein selbstbestimmtes Leben zu führen, ist eine Art von Herrschaft,” sagte der Meister immer wieder. Diese Worte enthielten natürlich im Kern ein subtiles, aufrührerisches Element, das den Sadduzäern nicht entging und bei den Zeloten falsche Hoffnungen weckte.

Ich werde immer wieder auf Jeshuas menschliche Seite zurückkommen. Indem sie eine ganz besondere Nähe zum Göttlichen schuf, die keiner von uns gewöhnt war, verstärkte sie nur die Wirkung seiner Kraft. Ich finde, dieser doppelte Aspekt seiner Persönlichkeit war sein Hauptcharakterzug. Das machte Ihn zu einem ungreifbaren Wesen - fröhlich und leidend, friedlich und rebellisch zugleich. Und doch ging Er dabei stets in dieselbe Richtung ohne sich je umzuwenden.

Wenn man erst einmal verstanden hat, was diese Doppelnatur für unseren Alltag bedeutete, lässt sich leicht erraten, warum der Mensch, ebenso wie der Meister der Weisheit, so viele leidenschaftliche Reaktionen auslöste, warum Er zugleich Ablehnung, Hass, Wut und Verachtung hervorrief, aber auch Bewunderung und Liebe, Verehrung und eine Vergötterung die bis zur Hysterie gehen konnte.

Jene Wesen, die ich die Großen Wiedergeborenen nenne - im Orient heißen sie Avatara[11] - haben immer eine solche Wirkung auf die Menschheit. Sie gehen durch sie hindurch wie ein Pfeil, der direkt ins Ziel trifft.

---

11) Avatar: Anerkannte Inkarnation des Göttlichen auf Erden, die in verschiedenen Epochen immer wiederkehrt.

In ihnen verbindet sich die Zartheit und Zerbrechlichkeit des Menschlichen mit der entschlossenen Kraft des Übermenschlichen. Und so beginnt der Friede, den sie im Kern mit sich bringen, paradoxerweise damit, dass sie fast schon ein Schlachtfeld um sich verbreiten.

Lassen sich auf diesem Hintergrund nicht auch die folgenden Worte besser verstehen, die zunächst so dunkel und widersprüchlich anmuten: 'Ich bin nicht gekommen, um den Frieden zu bringen, sondern das Schwert'?

Angesichts der zahllosen Erinnerungen, die meine Seele bevölkern gleicht dieses Schwert in meinen Augen zunehmend dem Säbel der orientalischen Kampfsportarten, dem Säbel des Budo, dessen erklärtes Ziel es war, das 'Ego abzuspalten'.

Und Jeshua selbst - der Mensch und Rabbi - hatte Er ein Ego?

Diese Frage wurde mir nie gestellt, als sei sie völlig abwegig ... Wenn ich sie hier dennoch anschneide und mithilfe der Erinnerungen an das, was ich mit Ihm erlebt habe, zu beantworten versuche, so weil ich es sinnvoll finde, überhaupt ein paar Worte zu diesem Begriff zu sagen ...

In unserer Kultur wird Ego ja durchgängig negativ aufgefasst. Obwohl 'Ego' als Begriff im Umkreis des Meisters nicht ausdrücklich verwendet wurde, war er der Sache nach doch vorhanden und beschäftigte alle, die sich über das menschliche Wesen Gedanken machten.

Der Rabbi selbst sprach in diesem Zusammenhang von der Seele in ihrer reduzierten, inkarnierten Form. Damit wies Er auf die vergängliche Persönlichkeit eines Wesens hin, die sich von einem Leben zum nächsten immer weiter ausbildet und verfeinert.

Hatte Er also als Rabbi und Mensch auch das, was wir ein Ego nennen? Ohne zu zögern würde ich sagen: "Glücklicherweise ja!"

Ja, denn Ego ist vor allem etwas, das einem Bewusstsein, wenn es mit der Erde in Verbindung tritt, seine 'Farbe' und seinen 'Duft' gibt. Das Ego verleiht ihm eine ganz bestimmte Persönlichkeit und macht es zu dem, was es ist.

Wenn man sich davon nicht versklaven lässt, also seinen triebhaften, einschränkenden und verhärtenden Tendenzen nicht nachgibt, ist das Ego das geeignete Werkzeug, mit dessen Hilfe der Geist, der uns belebt, mit der Materie kommuniziert und sie zu sich emporhebt. Es ist der Vermittler, durch den die ewige innere Kraft die Welten durchdringt, um dem mit Bewusstsein begabten Leben zu ermöglichen, sich mit der festen Materie auseinanderzusetzen und gestärkt aus diesem Kontakt hervorzugehen.

Ein Ego zu haben heißt nicht unbedingt launisch zu sein - also Stimmungen und Trieben unterworfen ... Es heißt vor allem, Grundzüge eines freien Bewusstseins aufzuweisen und in der Lage zu sein, sich zu behaupten. Ich meine damit vor allem die Fähigkeit, sich von einer Gruppenseele abzuheben, also eine eigene Art zu Sein zu haben, ein bestimmtes Temperament und einen eigenständigen Willen. Darüber hinaus heißt es, das Risiko einzugehen, sich zu irren, das Recht zu haben, zu zögern, feinfühlig sein zu dürfen und Gefühle walten zu lassen - bis hin zu heftigen Emotionen.

Es ist ein Gemeinplatz, dass Gefühle einen grundsätzlich 'nach unten ziehen', dabei gibt es sehr wohl Gefühle, welche die menschliche Natur erheben. Auch auf diesem Gebiet kursieren viele Vorurteile und ich glaube es ist wichtig, sie zurechtzurücken. In meinen Erinnerungen von vor zweitausend Jahren, sehe ich den Rabbi Jeshua immer als einen sensiblen Menschen, der zu Emotionen fähig war ... Das heißt nicht, dass Er sich von Sentimentalität oder Gefühlsaufwallungen leiten ließ. Seine Größe lag gerade darin, dass Er die Wechselfälle des Lebens, die die menschliche Existenz zu dem machen, was sie ist, von innen heraus kannte.

Daraus lässt sich schließen, dass Er ganz genau wusste wovon er sprach, wenn Er uns Selbstbeherrschung lehrte, aber auch die ständige Suche nach dem Kontakt mit dem Göttlichen als Ausweg aus unserem Leiden.

Zu behaupten, ein Meister sei schon als Meister geboren, im Vollbesitz seiner Fähigkeiten, wie eine Statue aus Bronze oder Beton, die starr und perfekt aus ihrer vorgefertigten Form fällt, ist meiner Ansicht nach ein Zeichen unglaublicher Unreife. Diese Vorstellung ist in unserer Gesellschaft jedoch leider gängig. Sie ist die Folge einer Gehirnwäsche, der eine ganze Reihe von Generationen ausgesetzt war und die so gravierende Spuren im kollektiven Gedächtnis hinterlassen hat, dass wir uns kaum noch vorstellen können, dass auch wir wachsen sollen - und dazu in der Lage sind.

Um es noch einmal zu sagen, die Tatsache, dass ein Meister der Weisheit sich selbst erst wieder aufbauen und alles tun muss, um das Bewusstsein seiner Herkunft und seiner Mission in Sich wieder entstehen zu lassen, wertet Ihn nur weiter auf.

Jeshua mag sich als Kind selbst darüber gewundert haben, dass Er anders war. Als Erwachsener musste Er sich dann mit der immensen Kraft, die sich durch Ihn mitteilen wollte, auseinandersetzen. Das verdient nur umso eher unseren Respekt und unsere Anerkennung.

Jeshua, der Christus

Wie kommen wir nun von Jeshua - dem Menschen und Rabbi - zu Jeshua dem Christus, als dem Träger einer unermesslichen, übermenschlichen Kraft? Das ist allein schon sprachlich eine Herausforderung, denn es ist die Frage, welche Worte uns dafür zur Verfügung stehen.

Zunächst einmal möchte ich klar zwischen Jesus und Christus unterscheiden: Jesus war das menschliche Gefäß, dessen Mission es war, die Gegenwart Christi voll und ganz in sich aufzunehmen, also das reinste und differenzierteste Bewusstsein unseres Sonnensystems und unserer Galaxie.

Ich habe schon viel zu diesem Thema gesagt. Um das hier nicht wiederholen zu müssen, empfehle ich euch, es in einem meiner früheren Bücher nachzuschlagen, wo sich viele Details dazu finden.[12] Um die Lektüre zu vereinfachen, fasse ich es hier noch einmal ganz kurz zusammen: Nachdem der Meister Jeshua von seiner langen, siebzehn Jahre währenden Reise durch Indien und den Himalaya zurückgekehrt war, zog im Rahmen eines rituellen Initiationstodes in der Cheopspyramide das übermenschliche solare Bewusstsein Christi in Ihn ein.

Nach diesem großen Ereignis, das Ihn im vollen Sinne zum Avatar machte, wurde bei der berühmten Jordantaufe zum zweiten Mal etwas in Ihn 'eingesetzt'. In diesem Augenblick nämlich, verband sich die Anwesenheit des Christus in Ihm noch mit dem Logos unserer Galaxie ...

Es ist also wichtig, sich klarzumachen, dass drei Kräfte in Einer angesprochen sind, wenn man von Jesus-Christus spricht: Die erste ist die Kraft des inkarnierten Meisters der Weisheit, die zweite die des höchst verwirklichten Wesens unseres Sonnensystems und die dritte kann man schließlich definieren als jene Kraft, die aus der stärksten göttlichen Gegenwart in unserem Universum hervorgegangen ist.

War uns das vor zweitausend Jahren bewusst, als wir Tag für Tag mit dem Meister unterwegs waren? Sicherlich nicht!

12) Vgl. "Essener Erinnerungen", Silberschnur Verlag.

Was ich eben beschrieben habe, ist erst nach dem historischen Ereignis der Kreuzigung in unser Bewusstsein gedrungen, also erst nachdem dieses Mysterium mit kosmischen Dimensionen vollbracht war. In dieser Hinsicht befand sich unser Bewusstsein in einer Art Schlafzustand, weit davon entfernt, das Wesen unseres Lehrers in seiner ganzen Tragweite zu erfassen. Ich glaube sagen zu können, dass selbst die engsten Vertrauten und Jünger des Meisters sich wohl kaum bewusst waren, mit Wem sie es zu tun hatten.

Wie soll man nun von Christus oder vom Logos selbst sprechen, wenn es schon schwer genug ist, einen Meister der Weisheit zu beschreiben.

Obgleich ich das Privileg hatte, alles unmittelbar miterleben zu dürfen, kann ich doch nur ein sehr unvollständiges Bild von Ihm zeichnen, auch wenn Er mich auf ewig geprägt hat. Ungeachtet der Liebe, die ich in die folgenden Seiten legen möchte, werde ich daher stets das Gefühl haben, nur den groben, verzerrten Umriss oder die Karikatur eines unfassbar großen Wesens wiedergeben zu können.

Kann man Etwas in menschlichen Begriffen beschreiben, Das im besten und nobelsten Sinne ‘nicht menschlich’ ist? Vielleicht nur ... wenn man die Sache umkehrt und das, was ich als ‘nicht menschlich’ bezeichne, gerade das eigentlich Menschliche ist, mit anderen Worten ‘das zu Ende gedachte Humane’ ... oder doch beinahe.

Wie soll man die Tatsache, dass Christus in der heiligen Schrift als ‘der Menschensohn’ bezeichnet wird, denn anders verstehen?

Erst wenn man akzeptiert, dass dieser Mensch das Göttliche selbst repräsentiert, das Versprechen, das in unserem Erbe enthalten ist, bekommt ein solcher Ausdruck einen Sinn. Und dieser Sinn erinnert uns daran, dass wir die Aufgabe haben uns zu verwandeln.

Ich hatte das heikle Thema des Egos im Zusammenhang mit der Frage nach der Persönlichkeit des Meisters Jeshua als physische Grundlage einer übermenschlichen Kraft bereits angesprochen. Wie sieht es nun aber bei Christus oder dem Logos aus? Kann man da von einer Persönlichkeit sprechen?

Ich möchte noch einmal betonen, dass ich über kein fundiertes theologisches Wissen verfüge. Auch meine Herangehensweise ist eine andere.

Wenn man sich der Gegenwart Christi - oder des Logos - nähert, kann man schwerlich von einer Persönlichkeit im üblichen Sinne sprechen. Ich würde eher sagen, es handelte sich dabei um das Strahlen eines Bewusstseinsfeldes, das eine inkarnierte Persönlichkeit auf wunderbare Weise überlagerte. Außerdem möchte ich noch sagen, dass diese Überlappung oder Überschattung[13] nicht immer gleich ablief. Sie war nicht völlig konstant. Es kommt mir heute so vor, als sei das Höhere nicht immer gleich intensiv im Rabbi Jeshua anwesend gewesen. Auf die Gefahr hin, an ein Sakrileg zu rühren oder blasphemisch zu wirken, muss ich sagen, dass die 'christliche Gnade' mal mehr und mal weniger in ihm vertreten zu sein schien.

In jeder Lebensform gibt es große und kleine Lebenszyklen die der Atmung entsprechen. Selbst was uns fest und unbeweglich erscheint, unterliegt auf unmerkliche Weise der Ein- und Ausatmung des Lebens. Also kann man annehmen, dass der Körper und das Bewusstsein des Meisters Jesus demselben Gesetz unterworfen waren. Es dient dazu die Lebensenergie zu schützen und zu erhalten.

Stellt euch einmal vor, um ein ganz einfaches Beispiel heranzuziehen, man würde einen Elektromotor, der auf 220 Volt aus-

13) Der Begriff 'Überschattung' (auf Französisch: "adombrement") bezeichnet ein Phänomen, bei dem ein Avatar von göttlicher Gegenwart überlagert, also auf unendlich lichtvolle Weise gleichsam 'übermächtigt' wird.

gelegt ist, an 360 Volt anschließen. Er würde unter der zu hohen Spannung bald kaputtgehen.

Als der Meister sich damals alleine 'in die Wüste zurückzog', war uns sehr wohl bewusst, dass mit Ihm, wie wir heute sagen würden, auf energetischer Ebene' etwas geschah.

Diese Momente völliger Isolation konnten auch ganz kurz sein. Ich weiß inzwischen, dass sie der Anwesenheit des Christus und des Logos ermöglichten, sich leicht von Ihm zurückzuziehen, um seinem Körper und seiner Persönlichkeit Gelegenheit zu geben, sich etwas zu erholen. Wenn von seiner 'Einsamkeit in der Wüste' die Rede ist, so ist das Wort 'Wüste' nicht zwingend im geografischen Sinne zu verstehen. Es ist damit vielmehr meist ein Zustand gemeint, in dem die Seele mit sich alleine ist, mit ihrer spezifischen Art zu sein, ihren Herausforderungen und ihrer Mission.

Wenn Er im Vollbesitz seiner übermenschlichen Fähigkeiten war, erstrahlte die christliche Allmacht auf drei verschiedene Arten im Körper und Bewusstsein des Rabbis Jeshua.

Obwohl ich, wie gesagt, nicht genau fassen konnte, was da geschah, habe ich die Momente, in denen Er 'anders' war, doch immer gespürt, das weiß ich noch ... Sein Blick war intensiver, seine Stimme, sein Tonfall und seine Art zu sprechen völlig verändert.

Seine Augen wurden dabei so leuchtend klar, wie ich es bei keinem anderen Meister je erlebt habe.

Selbst wenn man nicht unmittelbar von einem Impuls der Idealisierung ergriffen wurde, musste sein vollkommen veränderter Blick einen doch tief beeindrucken. Er war faszinierend rein, wie ein glasklarer See ohne Grund.

Mit meinem heutigen Wissen würde ich sagen, dass dieser See das Strahlen und die Tiefe eines ganzen Kosmos mit all seinen Sonnen und Galaxien enthielt. Man könnte meinen, das sei eine poetische Anwandlung, ein etwas platter Vergleich. Ich kann euch jedoch versichern, dass ich diesen Ausdruck nicht aus literarischen Gründen gewählt habe ...

Eines Morgens, ganz früh, ergab es sich, dass Jeshua - der Christus - und ich als einzige in dem kleinen improvisierten Lager, das wir für die Nacht aufgeschlagen hatten, schon wach waren.

Es war irgendwo in Samarien, nicht weit von der Küste ... Ich hatte gerade mein Gewand gerichtet und meine Decke aufgerollt, die mir manchmal auch als Mantel diente, als der Meister sich mir näherte und, wie Er es gelegentlich mit dem einen oder anderen von uns machte, zum Gruß und Segen sanft seine Stirn gegen meine legte. Es ist jedoch weniger diese Geste, die mir im Gedächtnis geblieben ist, denn ich hatte das Glück, sie recht häufig erleben zu dürfen. Ich möchte vielmehr von dem Moment sprechen, der ihr unmittelbar vorausging. Er dauerte nur etwa eine Sekunde, bringt mich nun aber dazu, die Worte Kosmos, Galaxien und Sonnen zu verwenden.

Ich hatte das Gefühl, mich in der Unendlichkeit dieses Universums zu verlieren oder vielmehr restlos wiederzufinden. Es war ein Zustand totalen Schwindels und unbeschreiblicher Gnade zugleich. Im Bruchteil einer Sekunde wurde *alles* klar und einfach: Ich tauchte in den See ein ... und wurde in den Kosmos emporgehoben.

Wenn ein solcher gesegneter Moment im Herzen auch zur Ewigkeit wird, so ist er doch leider viel zu kurz für den Körper und das an ihn geknüpfte Bewusstsein, die erst in so geringem Maße wirklich menschlich sind.

Es wurde kein Wort gewechselt ... Doch auch das gehörte zur Lehre Jeshuas, des Christus. Er konnte sich einfach nur durch das Mysterium des Blicks mitteilen. Doch wie gesagt, gab es auch die von der göttlichen Gegenwart erfüllte Stimme des Meisters, die auf ihre Weise Wunder hervorbrachte.

Tausende von uns bemerkten es, auch wenn einige es nicht wahrhaben wollten. In der strengen Schule des Karmel mussten alle, die dort studierten – 'die Brüder in Weiß' – täglich am Klang ihrer Stimme arbeiten.

Sie sollte zu einem Werkzeug im Dienste des Lichts werden. Es ging um den Versuch zu verstehen, was das Wort bedeutete und wie man damit umgehen konnte.

Was jedoch den Meister in seiner Rolle als Christus betraf, so ging es dabei um etwas ganz anderes. Seine Stimme näherte sich nicht einfach dem Wort, sie verkörperte es, so gut das eben innerhalb des Schwingungszustandes einer Welt wie unserer möglich war.

Sie war von zwei Dingen geprägt: vom Klang und vom Rhythmus. Ich möchte zunächst vom Klang sprechen.

Es kam darin ständig auf subtile Weise das Gesetz der Harmonien zum Ausdruck. Manche Töne, die aus der Kehle des Meisters kamen, waren wie vollendete Harmonien gebaut. Wenn man darauf achtete, hörte man es. Sie wirkten auf die Seele und luden sie zu innigem Lauschen in völliger Offenheit ein.

Man könnte dabei an eine Art Hypnose denken – weit gefehlt! Wer sich einer Hypnose unterzieht, wird bekanntlich zumindest teilweise von seinem freien Willen abgeschnitten. Davon war jedoch bei den spezifischen Harmonien der Stimme Christi keine Rede. Wir blieben ihnen gegenüber nicht nur frei und selbstständig, waren also fähig, uns ihnen zu entziehen, wir hatten darüber hinaus sogar ständig das Gefühl, dass sie auf unsere innere Freiheit belebend wirkten. Sie nahmen uns nicht gefangen, im Gegenteil, sie weckten uns auf.

Das erstaunliche Gleichmaß, das aus der Stimme des Meisters mit all ihren ineinanderfließenden Höhen und Tiefen hervorströmte, wollte uns gerade aus unserer Erstarrung lösen. Es geschah ganz unabhängig vom Inhalt der gesprochenen Worte.

Die Schwingung der Stimme Christi wirkte schon an sich wie eine kraftvolle Lehre ... Der Rhythmus verstärkte das nur noch. Im Rhythmus kommt die Qualität und Absicht des Atems zum Ausdruck.

Er vermittelt die Kadenz der Tiefenatmung des Wesens. Wenn der Christus und der Logos also voll im innersten Herzen des Meisters lebten, veränderte sich der Rhythmus seiner Rede völlig. Soweit ich mich erinnere, begann Jeshua dann schneller und feuriger zu sprechen. Es war, als wenn etwas in Ihm anfangen wolle zu singen.

Könnte man dabei von einem Trance-Zustand sprechen? Ich glaube schon, aber nur, wenn man diesen Begriff von jeder schamanischen Konnotation befreit.

Ich habe hohen Respekt vor den echten, schamanischen Traditionen, zumal sie sicherlich zu den ältesten der Welt gehören. Aber bei der Handlungsweise Christi ging es um etwas anderes. Heute wäre man vielleicht geneigt, von 'Kanalisation' zu sprechen, das war es aber auch nicht.

Bei der Durchdringung mit dem Geist Christi wurde das gesamte Wesen auf allerhöchstem Niveau ergriffen.

In so einem Fall ist es klar, dass die Klänge, die aus dem Munde des Lehrenden kommen, vom Göttlichen Hauch beseelt sind und die gesamte Palette des Wortes Gottes enthalten.

Wenn man bedenkt, dass das Wort in Verbindung zum Urklang der ewigen, absoluten Präsenz - also zum Göttlichen Bewusstseinsfeld - steht, lässt sich erst die belebende und schöpferische Wirkung ermessen, die die Worte Christi allein schon auf der Ebene des Bewusstseins seiner Zuhörer hatten.

Ich sage ganz bewusst Zuhörer, also Menschen die ihm auch zuhörten, denn man kann ja bekanntlich etwas hören, ohne wirklich zuzuhören.

Ich habe mich oft unter die Menge gemischt, die um den Meister versammelt war. Dabei hatte ich Gelegenheit zu beobachten, dass viele der Anwesenden leider eher Zuschauer waren. Ich fand das schrecklich und frustrierend, bis ich merkte, dass jene, die sein Wort nicht hörten - es also nicht verstanden und lediglich auf sich wirken lassen konnten - sich nach und nach doch verwandelten.

Damals verfügten wir noch nicht über Denkformen und Begriffe, die für uns heute selbstverständlich sind, sodass ich den Grund dafür nicht verstand. Wie kann eine Lehre, die 'zum einen Ohr hinein und zum anderen herausgeht', bei den Menschen, denen sie zugedacht ist, Spuren hinterlassen? Ganz einfach durch ihre Schwingungsfrequenz. Die Wirkung der Lehre bleibt dem, der sie aufnimmt freilich unbewusst. Sie spricht nicht seinen Intellekt an, dringt aber direkt in die unerforschten Tiefen seines Geistes ... und natürlich auch seiner Zellen. Und so haben wohl viele Zeitgenossen des Meisters, denen das Privileg zuteilwurde, seine Worte unmittelbar miterleben zu dürfen, eine Verwandlung durchgemacht, ohne es überhaupt zu merken.

Im Laufe der Jahre in denen wir in Palästina unterwegs waren, bin ich immer wieder Menschen begegnet, die zunächst kaum an den Reden des Meisters interessiert waren ... Sie haben sich dann jedoch meist verändert. Sie wurden gleichsam feiner und reiner. Es wurden schönere Menschen aus ihnen, ohne dass sie selbst wussten, wie ihnen geschah.

Es gab jedoch auch welche, die es strikt ablehnten, sich etwa verändert zu haben, weil sie nicht verstanden, was da vor sich ging, vor allem aber aus Stolz. Darunter waren viele Sadduzäer, aber auch Leute aus dem einfachen Volk.

Bei dieser Gelegenheit wurde mir bewusst, dass das Bildungsniveau keine große Rolle spielt, wenn es darum geht, eine göttliche Lehre zu verstehen und in sich aufzunehmen. Es sind vielmehr die Barrieren eines spröden Herzens und der Dünkel der inkarnierten Persönlichkeit, die es verhindern, einfach nur 'ja' zu sagen. Ich bin allerdings überzeugt davon, dass dem oberflächlichen 'Nein', das manche seiner Zeitgenossen dem Wort Christi entgegenbrachten, im Inneren ein heimliches, uneingestandenes 'Ja' entsprach, das sich in ihren späteren Leben doch noch entfaltete. Wenn eine Zelle von der unaussprechlichen Schwingung der Liebe berührt wird, ist sie davon ein für alle Mal geprägt. Sie wird bis in ihr innerstes materielles Wesen hinein davon erschüttert, sodass ihre Schutzmechanismen sich früher oder später auflösen.

Das kann mehrere Leben in Anspruch nehmen ... was jedoch für die Geschichte eines Geistes, der sich selbst kennenlernt, nicht viel ist!

Die Wirkung seiner Stimme und seines Blicks waren natürlich nur die greifbarsten Manifestationen des Wesens Christi, wie wir es heute kennen ...

In Wirklichkeit setzte alles an Ihm eine Welle in Bewegung, die einen umwarf. Diese 'göttliche Ausstrahlung' hat die Leute, die Ihn zum Kreuzestod verurteilten, wohl letztlich auch angestachelt.

Wenn ein Wesen sich zu stark von den anderen unterscheidet, wird es für die Gesellschaft unerträglich. Sie wird dann nach Gründen suchen, um sich auf die eine oder andere Weise davon zu befreien ... sei es durch üble Nachrede, Gefangenschaft, Verbannung oder den Tod.

Wenn es sich bei diesem Wesen auch noch um Christus handelt und Er auch noch ein Avatar ist, werden Seine Gegner nur umso wilder und zügelloser auf ihn losgehen.

Als Jeshua verhaftet und schließlich verurteilt wurde, kam mir das völlig irrational vor. Genau so ging es auch den anderen Jüngern. Wir fanden es einfach absurd. Es war unvorstellbar für uns: Wie konnte das einem Wesen, das so groß und voller Licht war, nur passieren. Ob man seine Auffassung nun teilte oder nicht, der Meister konnte einem eigentlich nur Respekt einflößen ... Also *warum?* Warum nur? Wir lebten doch angeblich in einem zivilisierten Land, in dem der Geist des Allmächtigen zuhause war. Nun aber hatten wir es plötzlich mit einer so unglaublichen Ungerechtigkeit zu tun!

Wenn ich dabei an die Gegenwart Christi denke, so wie sie mir begegnet ist, fällt mir dazu als Erstes das Wort Ansteckung ein. Es gibt Wesen, die auf ihre Umwelt wie krankmachende Keime wirken. Bei Jeshua war das natürlich genau umgekehrt.

Er bewirkte durch seine Nähe nicht nur gleichsam eine Desinfektion aller menschlichen Wunden, sowohl der körperlichen als auch der seelischen ... Er übertrug auch den Keim einer Gesundheit, dessen ganze Tragweite und wahre Bedeutung durch die Zeiten hindurch sich kaum ermessen lässt.

In einem früheren Werk habe ich seine Wirkung auf uns einmal mit dem Klonen verglichen[14]. Diese gewagte Parallele erscheint mir noch immer absolut gerechtfertigt.

Es war wirklich so, als ob Christus in jedem, dem Er begegnete, die Urzelle berührte, die den göttlichen Funken - oder Keim - enthielt. Auf diesen wirkte Er dann belebend ein. So wurde das Wesen nach und nach wieder hergestellt und konnte gleichsam in seiner früheren Identität wieder auferstehen. In diesem Sinne ist die Wirkung des Bewusstseins des Christus und des Logos durch den Meister Jesus dem Klonen vergleichbar. Er wirkte auf das ursprüngliche, absolute und vollkommen reine Bewusstsein der Menschen, die seinen Weg kreuzten.

Nun wird auch verständlich, warum die Begriffe 'Batterie' oder 'Kanal' auf Therapeuten oder Menschen mit einer großen Mission anwendbar sind, niemals jedoch auf Christus. Erst jetzt,

---

14) Vgl. "Mysterium Gott", S. 90, Silberschnur Verlag.

aus der Distanz heraus, wird deutlich, dass Er viel mehr war als nur ein Wundertäter, der in einer bestimmten Situation spontan Heilungen vornahm.

Natürlich handelte Er stets angemessen, ganz im Augenblick, je nachdem welche Lage Er vorfand oder welche Begegnung Er herbeigeführt hatte. Doch zugleich stand sein Handeln immer in der Perspektive der weiteren Entwicklung im Laufe der Zeit. Er war stets mehr darum bemüht, den Boden zu bereiten und zu säen, als sogleich die Ernte einzufahren.

So spektakulär einige seiner Handlungen auch waren, so wenig rechnete Er mit der sofortigen Verwandlung der anwesenden Seelen. Er wollte vor allem Spuren in ihnen hinterlassen, etwas in sie legen, was wachsen und sich im Laufe der folgenden Leben von selbst weiterentwickeln konnte.

Ich erinnere mich, dass der Christus Jeshua uns immer wieder um sich versammelte, um uns zu erklären, warum die Menschen, die zu ihm kamen, sich angesichts der Kraft und des Lichts, das Er ihnen gegenüber entfaltete, so wenig veränderten. An einen seiner Gründe erinnere ich mich besonders lebhaft:

"Was ihr meine Wunder nennt ist eine Kleinigkeit im Vergleich zu dem, was dahinter steht. Es sind lediglich Handlungen, deren Ziel es ist, die dicken Mauern eures Bewusstseins zu durchdringen. Wenn sie erst einmal durchstoßen sind, dringt Licht herein, der Spalt wird größer und schließlich kann das Universum meines Vaters mit all seinen unendlichen Möglichkeiten Einzug in Euch halten.

Was zählt ist nicht, wie ihr mich heute seht, ja nicht einmal was ihr denkt, Wer ich sei.

Worauf es wirklich ankommt, ist das Siegel der Liebe, das ich eurer Seele einprägen will, bis hinein in die feinsten Verästelungen eurer Leiber.

Dieses Siegel wird eure Verwandlung unterstützen. Merkt euch das gut, meine Freunde ..."

Eines Tages sagte Er dann zum Thema seiner Wunder vor einer beträchtlichen Menschenmenge noch Folgendes:

“Mann nennt mich Zauberkünstler. Doch einem Zauberer geht es um Macht. Er wird versuchen, seine Fähigkeiten weiterzuentwickeln, um immer mehr Macht auszuüben. Ich aber besitze keine Macht.

Ich bin nur das Flussbett eines Wasserfalls im Gebirge, welches das Wasser in seinen Hohlraum strömen lässt. Dieses Wasser, das euren Durst löscht, euch lehrt und heilt, gehört mir nicht. Ich zwinge ihm meinen Willen nicht auf. Es liegt vielmehr der Wille der Ewigkeit darin. So lasse ich es durch mein ganzes Wesen durchfließen. Es ist meine Kraft in dieser Welt, nicht aber meine Macht ...

Man nennt mich auch Illusionist ... Aber was ist ein Illusionist anderes als jemand, der Träume verkauft, ein Verführer und Betrüger.

Das Wasser jedoch, das ich durch mich fließen lasse, soll die Menschen gerade aufwecken.

Während es sich sanft und stärkend über euch ergießt, werdet ihr spüren, dass seine eigentliche Aufgabe darin besteht, euer Blut aufzurütteln - das des Körpers ebenso wie das der Seele.

Es wird euch keinen anderen Horizont eröffnen als die völlige Hingabe an sein Anbranden in euch. Das sollt ihr wissen.

Es ist ein feuriger Impuls, der euch nur erfassen kann, wenn ihr bereit seid, eure Masken fallen zu lassen ... Denn in Wahrheit, ich sage es noch einmal, seid ihr es ja selbst, die betrügt ... indem ihr eure Rollen mit eurer Wirklichkeit verwechselt.

Wer hat denn diese Rollen erfunden, werdet ihr mich fragen. Ihr selbst ... ganz einfach ihr selbst! Ihr ... denn ihr habt euch eurem Bedürfnis nach Macht unterworfen und die Einfachheit vergessen."

Ich erinnere mich an viele Lehren, in denen der Meister das Thema Macht aufgegriffen hat. Er hatte eine sehr weite, aber auch sehr subtile Auffassung von diesem Begriff.

Er sagte von sich, Er sei kein Machtmensch und zögerte nicht, den heimtückischen Willen zur Macht und zur Herrschaft in anderen anzuklagen. Er war für Ihn ein alter Reflex, die Wurzel vieler unserer Leiden.

So konnte ein einfacher Bauer, der sein Flachsfeld bestellte, einen ebenso tief sitzenden Machtwillen haben, wie ein reicher Sadduzäer. In den Augen Christi war der Machthunger vor allem ein Bedürfnis nach Unterwerfung, das mit allen möglichen Mitteln kaschiert wurde.

Er ging nicht zwangsläufig mit einer hohen sozialen Stellung einher. Vielmehr steckte seelisches Leid dahinter, die tragische Trennung der Seele von ihrer Quelle.

Es versteht sich von selbst, dass keiner von uns so offene, unverblümte Worte gewohnt war, nicht einmal die Mitglieder der Essener Bruderschaft. Es waren Worte, in denen zugleich Sanftmut und Strenge lag.

Angesichts der Dogmatik jener Zeit, mutete die Ausstrahlung Christi, der 'Duft' und die Atmosphäre, die Er verbreitete - von der die Persönlichkeit Jeshuas ja erfüllt war - nur umso befremdlicher an. Vielen war all das unverständlich. Es reizte zum Widerspruch.

Wenn man Ewigkeiten in Ketten lag, wenn Eisen um Füße, Herz und Seele gelegt waren und man sie dann plötzlich ablegen soll, kann gerade auch das leidvoll sein.

In dieser Wahrheit liegt - gleich einem glänzenden Edelstein - eine der ganz großen Lehren Christi verborgen:

"Wer die Erinnerung an seinen Ursprung verloren hat oder diesen verleugnet, dem gibt jede Form von Unterwerfung Sicherheit. Sie kann also etwas angenehm Bequemes an sich haben. Wer die reine Anwesenheit des Göttlichen in sich nicht mehr spürt oder verleugnet, bleibt auf ewig Sklave."

Es ist heute sehr schwer sich klarzumachen, wie häretisch solche Worte vor zweitausend Jahren gewirkt haben müssen. Auch wenn es uns heute leichter fällt, in ihren tieferen Sinn einzudringen, sind wir doch noch weit davon entfernt, sie wirklich anwenden zu können. Wir müssen uns wohl eingestehen, dass wir uns ihnen nur allmählich schüchtern annähern können.

Kapitel III
Die Nebenrollen

Die Jünger

Bei dem ungeheuren Schauspiel, zu dessen Bühne unser Planet vor ... gerade einmal zwanzig Jahrhunderten wurde, ist auch die Verteilung der 'Nebenrollen' ein großes Thema und verdient eingehende Betrachtung. 'Nebenrollen' meine ich natürlich nicht abwertend, schließlich handelt es sich dabei um die Jünger Christi. Aber spielt man nicht zwangsläufig eine Nebenrolle, wenn man einem solchen Wesen gegenübersteht?

Selbst Eingeweihte und Weise können hier, wo 'Übermenschliches' zum Ausdruck kommt und alles durchdringt, nur Schüler sein.

Wenn ich so im Buch meiner Erinnerungen blättere, muss ich schon sagen, dass das 'Casting' – um ein sehr modernes Wort zu verwenden – im Umkreis des Meisters zumindest erstaunlich war ...

Will man den kanonischen Schriften und der offiziellen Überlieferung, die ja im kollektiven Bewusstsein verankert ist, Glauben schenken, so bestand das unmittelbare Umfeld des Christus - von wenigen Ausnahmen abgesehen - aus armen, zumeist ungebildeten Leuten aus dem Volk.

Es ist ständig die Rede von Fischern, Bauern oder einfachen Handwerkern. Sicher war da auch Levi - Matthäus - der bekanntlich Steuern eintrieb. Doch auch er war letztlich nur ein kleiner Angestellter, der sich mit Geld 'die Hände schmutzig machte'. Und was Judas betrifft, der den Schriften zufolge der einzig Gebildete unter denen war, die Christus nahe standen ... so weiß man ja, welch gewichtige Rolle er zu spielen hatte!

Man muss jedoch stark annehmen, dass der Meister sich nicht mit den erstbesten Seelen umgeben hat, ganz gleich, wie ihre vergänglichen Masken aussahen und was die Geschichte uns darüber erzählt. Das sagt einem schon der gesunde Menschenverstand.

Ich habe nie den Versuch unternommen, das Gedächtnis der Zeit zu befragen, um ihre Persönlichkeiten systematisch zu entschlüsseln. Ich denke, wenn es nicht von selbst zu mir kommt, geht es mich auch nichts an.

Lieber reihe ich auch weiterhin meine Erinnerungen aneinander, wie sie auftauchen, ihrem eigenen Rhythmus folgend ...

Wenn ich das 'Casting der Nebenrollen' um Christus erstaunlich nenne, dann einfach, weil es so bunt gemischt war. Von unserer Lebenswirklichkeit aus betrachtet befanden sich unter den 'menschlichen Masken' in seinem Kreis nicht nur Arme, sondern durchaus auch gut situierte Menschen.

Erst die Kirche hat im Laufe der Jahrhunderte aus dem Kreis um den Meister lauter arme Leute gemacht ... als sei Mittellosigkeit an sich schon eine Tugend.

Ebenso hat die Kirche auch die Mär von der Geburt Jesu in einem Stall auf Heu und auf Stroh umgeben von Tieren verbreitet.

Damals war jedoch allgemein bekannt, dass der Meister in einfachen, aber soliden Verhältnissen in einem Essener Betsaid zur Welt gekommen ist.

Das war nichts Besonderes, denn es gab in Palästina und vor allem in Judäa viele solcher Einrichtungen. Sie lagen oft im Untergeschoss der Gebäude.

Kurz – das nahe Umfeld Christi bestand aus einer erstaunlichen Mischung der sozialen Schichten seiner Zeit ... mit Ausnahme der Pharisäer! Es waren Bettler und Bauern, reiche Bürger und Fischer um den Meister vereint.

Allerdings muss ich sagen, dass es anfangs nicht allzu harmonisch zuging. Ein paar heftige Streitereien habe ich selbst miterlebt ... Zum Beispiel wollten bestimmte Leute nicht nebeneinandersitzen, als sei das eine Schmach. Dabei war es oft recht überraschend, welche Seite die Sitzordnung als schmachvoll empfand.

Diese Aufhebung der Grenzen und Unterschiede zwischen den Menschen war schon eine kleine Revolution in sich. Sie ist als grundlegende Lehre nicht zu überschätzen. Das schon insofern, als sie den Akzent auf die illusionäre und vergängliche Seite der menschlichen Persönlichkeit legte. Sie gab Christus Gelegenheit, uns immer wieder in Erinnerung zu rufen: "Hinter eurer Verkleidung sehe ich doch, wer ihr seid ... ihr seid alle gleich!"

Damit waren wir sehr weit weg von der Vorstellung, für bestimmte Familien Bänke zu reservieren, ... ein Brauch, der vor nicht allzu langer Zeit in unseren Kirchen durchaus noch üblich war!

Bevor ich mich nun weiter in meine Erinnerungen an Menschen vertiefe, die dem Meister nahestanden, möchte ich die Begriffe 'Jünger' und 'Apostel' näher beleuchten. Ich berufe mich dabei auf das, was ich von seinen Gedanken dazu aufgenommen habe.

Zunächst einmal erklärte Jeshua häufig ganz unverblümt, Er habe keine Schüler. Wer seiner Lehre folge, sei nur Schüler des Lebens.

Vermutlich sagte Er das oft auch um zu provozieren, um bei seinen Allernächsten eine Reaktion auszulösen und sie dazuzubringen, klarer Stellung zu beziehen.

Simon-Petrus reagierte auf solche Äußerungen immer am heftigsten.

Er war etwas mürrisch und empfindlich. Es fielt ihm schwer, nicht in die 'Fallen' der inkarnierten Persönlichkeit zu tappen.

Wenn der Meister paradoxerweise doch einmal anerkannte, dass Er Jünger hatte, fasste Er den Begriff so weit, dass es unmöglich war zu sagen: "Der Rabbi hat zehn, zwanzig oder hundert Schüler und mehr."

In Wahrheit schwankte die Zahl der Menschen, die sich Ihm angeschlossen hatten erheblich. Es gab keinen festen Kreis von Getreuen, die ständig um Ihn waren. Viele suchten seine Nähe, tauchten in die Aura seiner Präsenz ein und verschwanden wieder, wie es ihnen gerade einfiel.

Es ist oft vom Verrat des Judas die Rede, aber es gab noch andere, echte Arten des Verrats, die in Vergessenheit geraten sind, etwa all die großen und kleinen Verleugnungen seines Wesens, die einfach aus Angst, mangelndem Mut oder Kleinherzigkeit entsprangen.

Gewiss gab es auch Zirkel, die das Privileg hatten, sich regelmäßig um Christus zu versammeln, daran erinnere ich mich genau.

Kurz gesagt gab es zunächst einmal den Kreis der Zwölf, dann den Kreis der Einhundertacht und einen der Hundertvierundvierzig. Allerdings muss man die Dinge nehmen, wie sie wirklich waren und gelebt wurden.

Der Kreis der Zwölf

Ich möchte damit beginnen, den ersten Kreis, den berühmten Kreis der zwölf Apostel aus meinen Erinnerungen aufsteigen zu lassen. Es ist eine schöne, symbolische Zahl, denn sie entspricht der heiligen mathematischen Ordnung der Natur. Sie bezieht sich auf einen universellen Archetyp, der in seiner Ausgewogenheit und Vollkommenheit auf die kosmische Ordnung verweist.

Der Meister selbst hat während seiner gesamten öffentlichen Mission sicherlich versucht, diesen Kreis um sich herum aufzubauen. Die Wirklichkeit sah jedoch ganz anders aus. Manche seiner engsten Schüler wandten sich von ihm ab. Sie entfernten sich von Ihm, für immer oder auch nur für eine gewisse Zeit. Es kamen andere, die sie gleichsam ersetzten. Und so waren die 'Zwölf' nicht immer zwölf. Mal waren es mehr, mal weniger ... und auch nicht immer dieselben! ...

Man darf sich also nicht wundern, wenn es bei der Aufstellung der offiziellen Apostel in den verschiedenen kanonischen Evangelien leichte Abweichungen gibt.

In der Umgebung des Meisters war ständig alles in Bewegung. Das lief so bruchlos und geschmeidig ab, dass uns nie eingefallen wäre, es könne einen privilegierten Kreis von zwölf Personen geben, der einmal 'in die Geschichte eingeht', soviel ist sicher.

Wenn ich mich ganz bewusst an bestimmte Momente erinnere, die ich etwa mit Johannes, Andreas oder Thomas verbrachte, muss ich zugeben, dass ich weit davon entfernt war, mir auszumalen, welch unauslöschliche Spuren sie einst hinterlassen würden.

Wir sahen uns wohl eher als eine große Familie, mit wechselnden Mitgliedern, die noch etwas umherirrte, noch auf der Suche war ...

Wir verstanden uns als Freunde, als Gefährten, zuweilen vielleicht auch als Rivalen. Denn wir waren vor allem Menschen, die ihren Platz und ihre Bestimmung finden wollten. In volkstümlichen Darstellungen werden die berühmten zwölf Apostel oft als einheitliche Gruppe gesehen, die zwar ihre Schwächen hatte, Christus jedoch treu ergeben war ...

Auf die Gefahr hin meine Leser zu enttäuschen, muss ich sagen, dass die Wirklichkeit ein wenig anders aussah. Im engsten Kreis der Jünger des Meisters gab es sehr unterschiedliche Auffassungen und Ansprüche.

Ich war bei vielen Auseinandersetzungen dabei, vor allem zwischen Simon - dem späteren Petrus - und Eliazar ... der später, wie wir sehen werden, Johannes wurde. Auch sie waren in der Schule, waren Schüler ... wie wir alle! Wie auch immer ihre tiefere geistige Dimension ausgesehen haben mag, sie trugen die Last des Menschlichen und mussten sich mit ihr auseinandersetzen.

Wenn es einem gelang, wahrzunehmen, was sich genau zwischen dem Meister und ihnen abspielte, so wurde deutlich, dass Er sie abwechselnd an die Grenzen ihres inneren Widerstandes zu bringen versuchte.

Ihre Anpassungsfähigkeit und ihre Fähigkeit, sich innerlich aufzulehnen wurden ständig auf die Probe gestellt und zwar oft auf überraschende und geniale Weise.

Die Nähe des Meisters war für die inkarnierte Persönlichkeit manchmal anstrengend, nicht zuletzt auch körperlich.

Seine Vertrauten wurden in ihren Seelentiefen durch Seine Anwesenheit zwar ständig bearbeitet, gereinigt und erneuert, zugleich aber stand das, was wir heute Ego nennen, pausenlos auf dem Prüfstand.

Je näher man Ihm stand, desto weniger konnte man sich zurücklehnen oder gehen lassen. Man wurde immer stärker gefordert.

Und doch brachte dieser hohe Anspruch, der einem ja unerträglich erscheinen konnte, auch wieder eine Welle von Frieden mit sich, die ein tiefes Mysterium barg.

Johannes hat sich einmal einigen von uns anvertraut, daran erinnere ich mich noch. Er erzählte von einer wunderbaren, geheimnisvollen Stabilität im Herzen all dessen, was ihm äußerlich schrecklich schwankend und labil vorkam. Gerade das wurde für ihn zur Lehre.

Etwas vereinfacht könnte man sagen: Die Kunst des freien Falls in subtiler Verbindung mit der Kunst, sich zu Höhenflügen aufzuschwingen, war eine wesentliche Triebfeder in der Lehre Christi seinen engsten Schülern gegenüber.

Dabei wurde jedoch niemals ihre Persönlichkeit 'zerstört', wie es bei manchen Lehrern vorkommt, die man für Meister hält. Ich würde eher sagen, sie wurden wie Kiesel von den Wellen am Strand ständig geschliffen.

Und so besaßen die zwölf 'Apostel' die volle Freiheit, sich auszudrücken, bis hin zu internen, persönlichen Streitigkeiten.

Ich kann mich nicht erinnern, dass sie ihre eigenen Meinungsverschiedenheiten jemals beiseitegestellt hätten, um geschlossen hinter Jeshua zu stehen. Sie bildeten keine homogene Gruppe.

Es soll hier nicht ihr Bild beschädigt oder ihr Einfluss auf die Verbreitung der Christlichen Lehre herabgestimmt werden. Es geht vielmehr darum zu zeigen, welche menschlichen Schwierigkeiten sie überwinden mussten, um ihre Mission überhaupt erfüllen zu können.

Schon ein flüchtiger Blick auf die kanonischen Evangelien erweist die unmittelbare Folge dieser Tatsache.

Die unterschiedlichen Auffassungen der Apostel, ihre je spezifische Wahrnehmung und ihr individuelles Verständnis führten natürlich zu verschiedenen schriftlichen Zeugnissen und haben folglich auch unterschiedliche Denkrichtungen begründet, die manchmal sogar miteinander konkurrierten.

Bekanntlich reagiert jeder von uns auf ein Ereignis oder eine Aussage anders, je nachdem, wie er geprägt ist und welche Erfahrungen er gemacht hat. Jeder wird eine Information in seinen Worten, auf ganz eigene Weise wiedergeben.

Das gilt auch für die Apostel, ganz gleich, ob es nun zehn, zwölf oder noch mehr waren, zumal die von ihnen überlieferten Texte gar nicht von ihnen selbst geschrieben wurden.[15]

Ihre Namen stehen lediglich für die jeweilige Denkrichtung, die aus ihrer Persönlichkeit hervorgegangen ist, also für das, was sie aufgrund ihrer individuellen Prägung verstehen konnten.

Keiner der Jünger des Meisters hätte es für möglich gehalten, dass sein Name mit einem Manuskript in Verbindung gebracht wird, das Jahrhunderte überdauert und bis zu uns vordringt, um eine Religion zu begründen.

Christus hatte ihnen einen Glauben nahe gebracht, der spontan verbreitet werden sollte, einen Glauben an das absolute Licht ... nicht aber an eine Religion, die es aufzubauen gilt. Es ging ihnen also keineswegs darum, eine vergängliche Machtposition zu errichten - vielleicht mit Ausnahme von Judas. Ihm lag der Elan, der für die Zeloten charakteristisch war, stets nahe.

15) Ferner bedeutet der Begriff Evangelist nicht unbedingt auch Apostel oder Jünger. Lukas etwa hat Christus nie persönlich kennengelernt. Er ließ sich in seinen Schriften von mündlichen Zeugnissen inspirieren - unter anderem von den Aussagen Marias.

Simon-Petrus

Was Simon-Petrus betrifft, von dem die römisch-katholische Kirche uns weismacht, er sei damals der Fels gewesen, auf den Christus 'seine' Kirche bauen wollte, so hat er meines Wissens nie die dominante Rolle gespielt, die man ihm heute zuspricht.

Er war durchaus charismatisch und verstand es, Menschen anzuziehen und eine Zuhörerschaft um sich zu scharen. Zugleich aber war er ein zögerlicher, recht mürrischer und leicht aufbrausender Mensch.

Andererseits sprach diese allzu menschliche Seite auch wieder für ihn. Gerade die einfachsten Leute gingen spontan auf ihn zu. Er war ihnen ähnlich. So war er ja beispielsweise auch Analphabet.

Jedenfalls bestärken mich alle Erinnerungen, die ich an ihn habe in der Annahme, dass er seine herausragende Stellung lediglich den weltlichen Absichten der ersten Kirchenväter zu verdanken hat.

Nicht zuletzt aufgrund unserer so unterschiedlichen Temperamente verloren wir uns schon wenige Monate nach der Kreuzigung aus den Augen. Von diesem Zeitpunkt an hat sich sein Status wohl verändert, denn ich weiß noch, dass er allerorts angekündigt wurde. Folglich muss er wohl wie ein Wilder herumgereist sein.

Er war ungebildet und hatte einen Hang zu bevormundenden Behauptungen. Das waren wohl die wesentlichen Faktoren dafür, dass er die Verbreitung des Meisters' Wort recht dogmatisch betrieb. Freilich ist es typisch menschlich, was man begriffen zu haben glaubt, in endgültige Formeln pressen zu wollen. Gerade wenn einem die Voraussetzungen dafür fehlen, eine metaphysische Lehre in all ihrer Differenziertheit, Feinheit und Subtilität zu durchdringen, neigt man dazu, was man davon verstanden hat, in starre Begriffe zu fassen, die Sicherheit geben.

Wenn man indes den Weg der Seele kennt, die sich in Simon-Petrus inkarniert hat, so kann man die Demut, die sie sich erarbeiten musste, um eine solche Rolle übernehmen zu können, nur begrüßen.

Einige spontane Entdeckungen in den Akasha-Annalen veranlassen mich, die Ansicht einiger Mystiker zu bestätigen, die in Simon-Petrus eine Reinkarnation von Sokrates sehen.

Das Bewusstsein des griechischen Philosophen hätte nun - als Ausgleich zu seinen einstigen Vorstößen in die Bereiche der Philosophie und der reinen Metaphysik - einen ganz unmittelbaren Zugang zum Göttlichen gesucht. Intellektuelle Höhenflüge auf Kosten der Logik des Herzens führen oft dazu, dass die größten Seelen sich in der Folge 'Masken' aussuchen, die viel einfacher gestrickt sind.

In diesem Sinne verkörperte Simon-Petrus' auf vollendete Weise einen der wichtigsten Aspekte der christlichen Lehre, die Verankerung im Alltag mit ganz einfachen Mittel - etwa dem festen Willen weiterzukommen und ein klares Ziel zu verfolgen. Die 'Beschränkung', die Simon-Petrus Seele sich damit auferlegte, hat in seinem Leben fraglos zu Frustration und Leid geführt ... So kam es auch zu den ständigen Auseinandersetzungen mit Johannes, dessen subtile Herangehensweise an metaphysische Fragen ihn immer wieder aufregte.

Im Übrigen war es Simon-Petrus vollauf bewusst, dass er nicht bei allen Versammlungen willkommen war, die vom Meister oft ganz spontan einberufen wurden.

Nach der berühmten Speisung der Tausend, waren etwa fünfzig Leute zu einem Vortrag geladen. Es ging dabei um die tieferen Gesetzmäßigkeiten der Fülle und das, was man gemeinhin als Kornspeicher Gottes oder auch 'himmlische Scheune' bezeichnet.

Simon-Petrus gehörte nicht dazu. Ich erinnere mich noch lebhaft an die Eifersuchtsszene die er Christus machte, als er von der Versammlung am Ufer des Sees Genezareth hörte.

Der Meister schien der Sache keine Bedeutung beizumessen und antwortete einfach: "Solange du Neid empfindest, Simon-Petrus, werde ich dir Gelegenheiten geben, neidisch zu sein. Trink diesen Essig bis zum Überdruss ... und komm dann wieder zu mir. Dann können wir darüber sprechen, was das Beste an dir ist ..."

Diese Worte mögen spröde und recht lakonisch anmuten, wurden aber mit einer solchen Sanftmut gesagt, dass Simon-Petrus uns allen noch am selben Abend gestand, sie seien das schönste Zeichen der Liebe gewesen, dass er je erhalten habe. Er meinte damit nicht die Worte selbst, sondern das, was sich unausgesprochen hinter ihnen verbarg - ein tiefes Mitgefühl.

Die Hundertacht und die Hundertvierundvierzig

Auch diese beiden Gruppen von Jüngern waren nur sehr selten in der naheliegenden symbolischen Weise vereint. Mal mehr ... mal weniger ... als hundertacht oder hundertvierundvierzig, darauf kam es dem Meister Jeshua nicht so an.

Er hatte uns zwar einiges über die geistige Dimension und den Initiationscharakter der Zahlen erzählt - also über ihre energetische Funktion - betonte zugleich aber immer wieder, dass sich eine heilige Zahl in den entscheidenden Momenten des Lebens von selbst ergeben würde, es also sinnlos war, sie einer Situation überstülpen zu wollen.

Ich möchte mich hier nicht lange über Sinn und tiefere Bedeutung der Hundertacht und Hundertvierundvierzig auslassen. Es gibt ja bereits zahlreiche Studien dazu.

Worauf es mir ankommt ist die Einsicht, dass eine Zahl am Ende einer tiefen, natürlichen Harmonie steht und nicht zwangsläufig an deren Anfang.

Es ging Christus schlicht gesagt nicht darum, hundertacht oder hundertvierundvierzig Schüler zu versammeln, um eine Gruppe heiliger zu gestalten. Eine bestimmte Zahl erfüllte ihre energetische Funktion Ihm zufolge erst, wenn eine ganze Reihe von Lebensumständen sie von selbst, ohne jede Berechnung, hervorrief.

So kam es, dass wir uns immer wieder ganz spontan voller Begeisterung um den Meister scharten, um dann ganz spielerisch festzustellen, dass wir genau hundertacht, hundertzwanzig oder hundertvierundvierzig waren, ohne es in irgendeiner Weise geplant zu haben.

Dabei wurde deutlich, dass das freie Fließen und die Geschmeidigkeit dessen, was uns zusammengeführt hatte und auf dynamische Weise verband, eine Kraft hervorrief, die dann in einer ganz bestimmten Zahl zum Ausdruck kam.

Christus machte uns das am Bild der Blume verständlich. In seinen Augen war die Anzahl ihrer Blütenblätter nicht von irgendeiner schöpferischen Kraft willkürlich festgelegt worden, um einem bestimmen Archetyp Genüge zu tun. Sie hatte sich vielmehr von selbst ergeben, weil sie der dahinterstehenden 'reinen Idee' entsprach, war also der natürliche Ausdruck dieser Blume. Es war also das ihr innewohnende Prinzip, das die Zahl ihrer Blütenblätter hervorbrachte.

All das macht deutlich, wie wichtig der Begriff des Fließens für die Lehre des Meisters war. Auf diese Weise lernten wir, dass jegliche Art von Verkrampfung, jede gezwungene Bewegung oder Haltung eine Abweichung von der grundlegenden Ordnung des Seins ist.

Die Idee des Lebens selbst kann sich nur 'im Fluss' entwickeln, so Seine Worte. Deshalb verglich er die Schöpfung, als unmittelbare Konsequenz des göttlichen Spiels seines Vaters, gerne mit einer fröhlich springenden Quelle.

Für den Meister musste die Folge sich mit ihrer Ursache verbinden und umgekehrt.

In diesem Sinne vermischte sich die in einem Symbol enthaltene Energie - etwa die einer Zahl - idealer Weise mit dem spontanen Auftreten dieses Symbols, sodass man nicht mehr sagen konnte, was zuerst da war.

Wenn man recht darüber nachdenkt, so hatte all das zum Ziel, uns auf unkonventionelle Weise einen weiteren Aspekt des Prinzips der Einheit beizubringen.

Und so verstanden wir, dass die Wahrnehmung der Einheit - das Gefühl des Verbundenseins - nicht künstlich erzeugt werden konnte, etwa indem man ein bekanntes logisches Gesetz anwendete. Man wurde vielmehr von innen heraus dazu hingeführt, indem innerlich etwas im Fluss war.

Sobald uns das Gefühl überkam, zu einem 'Kreis der Erwählten' zu gehören, weil wir an Versammlungen teilnehmen durften, die ganz bestimmten Leuten vorbehalten waren, geschah immer etwas, das uns zur Ordnung rief und uns dazu brachte, demütig zu sein. Das fiel mir immer wieder auf.

Ich glaube nicht, dass der Meister selbst diese Ereignisse 'hervorrief', weil Er bemerkte, dass wir anfingen, uns elitär zu fühlen. Ich habe eher den Eindruck, dass die geistige Erhebung, die uns alle erfasst hatte, eine Art Egregor mit seinen eigenen inneren

Gleichgewichtsgesetzen schuf, der von selbst eingriff, wenn wir ins Schleudern gerieten.

In modernen Begriffen könnte man sagen, der Motor, den die Lehre Christi - unter deren Einfluss wir ja ständig standen - angeworfen hatte und am Laufen hielt, wirkte ähnlich wie ein Textkorrekturprogramm. Dieser Vergleich ist in einem solchen Kontext freilich höchst profan und gewagt. Aber er zeigt, wie eine Lehre beginnen kann, auf geistiger Ebene ein Eigenleben zu führen, das sogar so weit geht, Ereignisse hervorzurufen.

Die Gegenwart des Meisters löste in der Tat bei allen, die sich in seiner engsten Umgebung aufhielten, eine Art 'simultanes Karma' aus.

Immer wieder musste ich es feststellen - sobald etwas in mir aus dem Lot kam, während ich mich in Seiner Aura aufhielt, reagierte sogleich eine Art 'Weisheit des Lebens' und gab mir ein Zeichen, dass ich vom Wege abgekommen war. Das zeigte sich meist in Form neuer körperlicher oder geistiger Anforderungen.

Thomas machte mich als Erster darauf aufmerksam, als er mir eines Tages beiläufig von seinen eigenen Erfahrungen erzählte. "Sobald ich innerlich davon abweiche, was Er uns lehrt, mir über die Ungewissheit unserer Zukunft Gedanken mache oder über Dinge, vor denen ich Angst habe, kann ich mich nicht mehr freuen ... Und sobald ich meine Freude verliere, neige ich dazu, mich zu verletzen oder Fieber zu bekommen. Dann weiß ich, dass mein Mangel an Vertrauen und innerem Einklang mich auf seine Weise etwas lehren will. Ich verstehe inzwischen, dass meine Seele ganz von selbst die 'Regel der starken Methode' anwendet. Der Meister muss gar nichts tun ... Er macht mit dem Gesetz des Lebensgleichgewichts wirklich gemeinsame Sache. Je mehr ich Ihm folge und seinen Weg gehe, desto weniger greift Er korrigierend in mein Herz ein. Er überlässt mir die volle Verantwortung."

Thomas hatte ganz Recht!

Sobald etwas in uns zerbrach oder Risse bekam und einen Teil seines Lichts verlor, kamen wir ganz von selbst aus dem Takt, ohne dass unser Lehrer eingreifen musste.

Diese Anfälligkeit - die bei allen Seelen auftritt, die wahrhaftig einen Weg der Ehrlichkeit und Liebe beschreiten - war sicherlich eines der hervorstechenden Merkmale der Kreise um Christus.

Ich denke, man muss das im Laufe der Zeit erst etliche Male erlebt haben, bevor endlich eine echte Kraft in uns erstrahlt.

Da ich gerade von Thomas spreche, möchte ich noch darauf hinweisen, dass er ein Bruder von Jeshua war. Maria war also auch seine Mutter. Die Römisch-Katholische Kirche hat versucht, diese Tatsache zu vertuschen, um den Mythos der Jungfräulichkeit Marias zu kultivieren. So wurde Jeshua zu ihrem einzigen Sohn, als würde allein schon das ihren Ruhm steigern.

Wir alle wussten damals jedoch sehr genau, dass es anders war und der Meister viele Geschwister hatte, wie in den meisten Familien üblich.

Das war einfach normal und umso augenfälliger, als Thomas, um nur ihn zu nennen, Ihm auch noch frappierend ähnlich sah. Aus einer bestimmten Perspektive oder bei bestimmten Gesten, war es geradezu unheimlich. Dafür spricht auch der Thomas traditionell zugesprochenen Namenszusatz 'Didymos' - auf Griechisch 'der Zwilling'.

Unter den engsten Jüngern, im sogenannten Kreis der 'Hundertacht', war auch ein anderer Bruder Jeshuas regelmäßig anzutreffen. Er hieß Jakob und wird übrigens auch im Markusevangelium erwähnt ... Das wurde als so störend empfunden, dass die Übersetzer es für angebracht hielten, das Wort 'Bruder' durch 'Cousin' zu ersetzen. Auch im Zuge der verschiedenen Versionen der Evangelien wurde versucht, die Spuren weiter zu verwischen, etwa indem Doppeldeutigkeiten eingeführt wurden. So kann das Wort 'frater' - Bruder sowohl den leiblichen Bruder ('adelphos') bezeichnen als auch jemanden, der zur selben Glaubensgemeinschaft gehört.

Als Augenzeuge einer historischen Wirklichkeit ist man von solchen Versteckspielen ein wenig schockiert. Sie sind jedoch lediglich der Anfang viel weitreichender Lügen.

Ich erinnere mich, dass auch der Apostel Jude ein Sohn von Maria war und zwar ihr jüngster. Ferner war allgemein bekannt, dass eine gewisse Esther, die manchmal mit uns durchs Land zog, eine Schwester des Meisters war. Sie war so zurückhaltend, dass ich sie als Seele in Erinnerung habe, die fast nicht inkarniert war. Ich weiß, dass sie diese Welt kurz nach der Kreuzigung verließ und dabei das Bild einer Feldblume hinterließ, die das Gewitter hinweggefegt hatte.

Auch sie gehörte zum engeren Kreis, was aber durchaus nicht auf alle Familienmitglieder des Meisters zutraf ... Da war etwa der junge Zebedäus. Er kam zwar manchmal vorbei, doch im Grunde war ihm völlig egal, was sein älterer Bruder machte. Er tauchte in Seinem Umfeld nur auf, wenn er materielle Probleme hatte und auf Unterstützung hoffte.

Das führte oft zu lebhaften Debatten und löste ein gewisses Unbehagen aus, denn so bemerkten wir - ohne es wirklich zu verstehen -, dass der Meister seine leibliche Familie nicht wichtiger nahm als alle anderen Menschen, die ihn umgaben. Seine Mission hatte den absoluten Vorrang. Wir hatten immer wieder Gelegenheit, an seinem Verhalten abzulesen, wie unbedeutend und illusionär rein irdische Beziehungen für Ihn waren. Er beugte sich ihnen keineswegs aus rein gesellschaftlichen Verpflichtungen heraus. Wie man sich leicht vorstellen kann, schuf diese Haltung immer wieder eine Distanz zu seiner Familie und betonte das 'Nicht-Menschliche' an Seinem Wesen.

Am meisten hatte wohl seine Mutter Maria darunter zu leiden. Ich erinnere mich, dass sie manchmal sogar weinte, wenn wir gemeinsam in der Gegend von Genezareth unterwegs waren. Sie suchte ihren Sohn ... und traf an seiner Stelle einen Meister, der sie genau wie alle anderen lehrte, ohne einen Unterschied zu machen.

Allerdings dauerte diese etwas frustrierende Zeit bei Maria nicht lange an, allenfalls fünf oder sechs Monate. In der Folge wurde es für sie ganz klar, die Rolle ihres Sohnes und die Aufgabe, die er übernommen hatte, voll zu akzeptieren.

Diese Entwicklung zeigt, dass allein schon das Spiel der Inkarnation selbst uns gewisse Dinge abverlangt. Ganz gleich, wer wir auf der Ebene unserer Seele sind – ständig sind wir herausgefordert, unsere Persönlichkeit neu zu fassen und anzupassen.

Maria

Ist es nicht überhaupt an der Zeit von Maria zu erzählen? Die Spuren, die sie in der Geschichte hinterlassen hat, bezeugen eine Durchdringung von Himmel und Erde, die jener nahe kommt, die ihr Sohn gestiftet hat.

Im Abendland wurde über Jahrhunderte ein ganz bestimmtes Bild von ihr gezeichnet. Man sah sie als kleines, blondes, fast durchscheinendes Wesen, duldsam, passiv und absolut keusch. Angeblich war ihr Blick leidender Anbetung stets auf Den gerichtet, den sie zur Welt gebracht hatte.

Schon allein der gesunde Menschenverstand sagt einem jedoch, dass Maria – die man Meryem nannte, ein Name, der ebenfalls weit verbreitet war – keineswegs eine 'Hollywood-Blondine' war, sondern ausgeprägt semitische Züge hatte.

Sie stach weniger durch klassische Schönheitsmerkmale aus der Menge hervor, als durch noble Gesichtszüge und einen aufrechten Gang. Sie hatte einfach ein *gewisses Etwas*, das Respekt gebietend war.

Obwohl recht still und zurückhaltend, wie es sich für eine Frau zu jener Zeit gehörte, war sie doch weder leidend noch unterwürfig. Sie war durchaus in der Lage, sich zu behaupten und auch zu widersprechen, besonders in Situationen wie der oben genannten, aber auch angesichts des Benehmens mancher Schüler des Meisters. Zuweilen verstand sie nicht, warum Er ihnen so viel Vertrauen entgegenbrachte. Sie beobachte aus dem Hintergrund heraus und nahm vieles wahr. Es fiel ihr oftmals schwer, das Verhalten ihres Sohnes zu billigen, weil sie es falsch interpretierte und Leichtsinn oder Passivität darin sah.

Diese Haltung änderte sich jedoch radikal, als ihre Seele lernte, es als selbstverständlich hinzunehmen, dass ihr Sohn sich in einen 'Meister der Weisheit' verwandelt hatte.

Von da an verschwand ihr mütterlicher Beschützerinstinkt wie ein Schleier, der plötzlich zerreißt.

Mit einigen von uns hat sie darüber gesprochen. Zufällig hatte ich das Glück, dabei zu sein. Mithilfe der Annalen bekam ich wieder Zugang zu dem, was sie uns damals erzählte:

"Mein Sohn war erst dreizehn Jahre alt, als er uns verließ ... Wir waren mit diesem Abschied einverstanden, denn in unserer Familie ist es üblich, uns dem Höchsten zu widmen ... Es könnte fast wie ein heiliges Schicksal erscheinen, das uns aufgetragen ist. Als Er nach siebzehn langen Jahren zurückkam, war Er nicht wiederzuerkennen ... aber auch Er musste mich erst wieder neu entdecken und sich an die Brüder und Schwestern gewöhnen, die ich nach Ihm bekommen hatte. Allerdings schien Er ihre Seelen sogleich zu erkennen, während sie auf jemanden trafen, von dem sie überhaupt nichts wussten.

Anders als ich, sahen sie schon bald den Meister in Ihm, zumindest die meisten von ihnen. Ich hingegen litt darunter, dass

Er für mich mehr war, als nur ein Rabbi. Dieser Rabbi war noch ein Teil von mir, ein Teil meines Leibes ... Doch der Meister bemühte sich, mir zu zeigen, dass Er nicht mehr ganz von dieser Welt war, dass Er von einem anderen Licht lebte, als von jenem, das ich glaubte, Ihm für immer nahe gebracht zu haben.

Mein Mutterglück – das sich unbemerkt in Stolz verwandelt hatte – war bedeutungslos geworden. Ich musste die harte Lektion der Demut, die mir einst im Tempel beigebracht worden war, neu lernen.[16]

Nun aber habe ich akzeptiert, mehr Jüngerin als Mutter zu sein. Es ist eben so. Ich kann nichts dagegen tun. Ich kann auch die Tatsache annehmen, dass nicht allein ich es bin, die diesen Menschen zur Welt gebracht hat. Er ist größer als wir alle, das seht ihr ja und ich weiß nicht, wohin Er uns führen wird ... Für mein Mutterherz ist das manchmal bitter, andererseits aber auch eine unvorstellbare Freude. Mir bleibt nur, dem Ewigen zu vertrauen. Denn ich weiß, wie ahnungslos ich diesem Mysterium gegenüberstehe, dem ich als Gefäß gedient habe."

So diskret Maria auch war, so präsent war sie doch, wenn sie zuweilen mit uns zog. Daran erinnere ich mich noch gut. Nicht selten wurde sie von Jüngern oder einfach von Neugierigen beiseite genommen und gebeten, ihnen ihrerseits etwas beizubringen. Sie ging auf diese Bitte ein, gab aber eher die von Sanftmut gekennzeichneten Grundprinzipien unserer Bruderschaft weiter, als die gewagten Lehren ihres Sohnes.

Ohne Schönheit und Edelmut ihrer Seele im geringsten infrage zu stellen, muss ich doch sagen, dass die Rolle, die sie vor zweitausend Jahren wirklich spielte, weit geringer war, als jene, die ein

16) Maria wurde in der Essener Gemeinde von Jerusalem, bis sie ein junges Mädchen war, als 'Taube' erzogen, also als Vestalin.

bestimmter Zweig der Christenheit ihr später zuschreiben wollte. Man gab sich alle Mühe, ihr im kollektiven Unbewussten den archetypischen Platz der jungfräulichen Mutter zu sichern, wie ihn andere vor ihr innehatten, so etwa die Isis in Ägypten und Devaki, die Mutter Krishnas, in Indien, um nur diese zu nennen.

Allen, die Maria damals kannten, ist klar, dass ihre Jungfräulichkeit ein reiner Mythos ist, der zu den großen Symbolen der Menschheitsgeschichte gehört.

Sie verkörpert die ursprüngliche Mutter Erde, in die der Keim der geistigen Erhebung gelegt wird, den Grundstoff der Alchemisten, der verfeinert wird, um daraus Das zu machen, was der menschlichen Schwere ermöglicht, sich in geistiges Gold zu verwandeln.

Sie ist auch der 'Blätterteig' des Dreikönigskuchens, in dem die Bohne der Einweihung und Erlösung versteckt ist ...

Als symbolischer Blätterteig erinnert uns Maria daran, dass jeder Mensch, der seiner selbst und seiner Intuition bewusst ist, sich durchaus als jemand betrachten darf, der den göttlichen Funken in sich trägt. Er darf die Schichten und Schalen seiner inkarnierten Persönlichkeit ablegen, um den besagten Keim hervorzubringen.

Die 'unbefleckte Empfängnis', die traditionell behauptet wird, kann man als Anspielung auf ihr neutrales Karma - also die Abwesenheit von negativem Karma - verstehen. Wir haben es hier also mit einer verwirklichten Seele tun, die nicht mehr der Reinkarnation unterworfen ist. Im Orient wäre sie wohl als vollendeter Bodhisattva, vielleicht auch als weiblicher Avatar bezeichnet worden.

Nach dem offiziellen Tod ihres Sohnes und dem sogenannten 'Pfingstereignis'[17] erfuhren einige von uns, dass sie in einer tiefen Bewusstlosigkeit gelegen hatte, ohne irgendwelche Krankheitszeichen

17) Vgl. "Essener Visionen" vom selben Autor, S. 199-203, Silberschnur Verlag.

aufzuweisen. Dieser Zustand dauerte fast eine Woche. Als sie wieder zu sich kam, war sie nicht mehr dieselbe. Es ging eine andere Energie von ihr aus. Sie sprach ganz anders, viel kraftvoller und zwar von übersinnlichen Vorstellungen, ganz ähnlich wie der Meister.

Ich hatte das Glück, etwa drei Wochen nach ihrem 'Erwachen', beziehungsweise ihrer Erweckung ein paar Stunden mit ihr verbringen zu dürfen. Sie machte einen so lebhaften Eindruck auf mich, dass ich mich fragte, ob der Meister sein Werk nicht durch sie fortführen wolle.

Aus heutiger Sicht bin ich überzeugt davon, dass damals eine Art geistiger Überschattung[18] ihrer Persönlichkeit stattfand und sie von einer Kraft außerhalb ihrer selbst beseelt war, wie das bei den meisten der großen Gesandten Gottes der Fall ist.

Den Informationen zufolge, die ich kürzlich im Kontakt mit verschiedenen Meistern aus der Bruderschaft von Shambhala erhielt, hat sich von diesem Moment an der Egregor der 'Jungfrau Maria' allmählich herausgebildet. Er hat also erst nach der Zeit, in der Christus öffentlich lehrte, an Einfluss gewonnen.

So war in den beiden Jahren nach dem Fortgehen des Meisters ihre Erleuchtung für alle offenkundig, während ihre 'Jungfräulichkeit' als etwas völlig Widersinniges wohl allenfalls ein Lächeln hervorgerufen hätte.

Meines Wissens hat Maria nie eine Lehre schriftlich niederlegen lassen. Was unter ihrem Namen verbreitet wurde, ist ihr also erst später zugeschrieben worden, um einer bestimmten Art zu denken, Gewicht zu verleihen.

18) Siehe Fußnote 13 auf Seite 56.

Obwohl sie als Essener Vestalin schreiben gelernt hatte, hörte ich sie einmal sagen, sie würde keine Schule begründen und auch keine Nachfolger haben wollen. Sie war eine einfache Frau und das wollte sie auch bleiben. Die Akasha-Annalen zeigen, wie sie nach und nach etwas rundlicher wurde, wie die meisten Menschen im Alter. Ich möchte jedoch noch einmal betonen, dass es sie in keiner Weise herabsetzt, das zu sagen.

Wenn ich es erwähne, so weil es mir wichtig erscheint, der Wahrheit näher zu kommen und die starren Bilder, welche die Katechismen in unseren Köpfen hinterlassen haben, aufzubrechen. Naivität und Verniedlichung haben noch niemanden größer gemacht.

Mit all ihrem Gewicht hat die Materie doch ihre eigene Würde und Schönheit. Eine ihrer wesentlichen Eigenarten ist es nun einmal, zu altern. Sollte man das nicht respektieren? Selbst der Meister Jeshua, durch den sich das Göttliche auf dem höchsten Niveau mitteilte, das auf Erden möglich ist, beugte sich dem Gesetz, demzufolge der Körper schwächer wird.

Wer glaubt, der Alterungsprozess eines Avatars, mit all seinen gesundheitlichen Problemen, käme daher, dass dieser Meister die Sünden der Menschheit auf sich genommen hat, sitzt einem Schwindel auf.

Dieses Unwissen über Weise oder erwiesene Avatare, das einer Lüge gleichkommt, kursiert bis heute, als sei der Tribut, den jeder dem Gesetz der Inkarnation zahlen muss, eine Schande.

Ein physischer Körper ist immer die Folge des Zusammenklangs irdischer und himmlischer Kräfte und hat nun einmal seinen Preis.

Man willigt ein, sich der Zeit zu unterwerfen, die vergeht, wie bei einem Theaterstück.

"Ein Schauspieler ist immer nur ein Schauspieler", lehrte Christus uns vor zweitausend Jahren. "Seine Rolle beginnt mit einem ganz bestimmten Satz und endet mit einem anderen. Und so hat im Universum, das mein Vater als Bühne entworfen hat, alles was einen Anfang hat, auch ein Ende ... Ihr seht, wie mein Körper wächst und reift, doch dann wird er geerntet wie der Weizen am Wegesrand."

Man darf nicht vergessen, dass Maria, als der Meister Jeshua sich vom öffentlichen Leben zurückzog, kaum fünfzig Jahre alt war. Sie war also weit davon entfernt im heutigen Sinne alt zu sein. Gegen Ende meiner Bekanntschaft mit ihr suchten die Leute jedoch ihren Rat, wie bei den Ältesten und zwar nicht weil ihr das gemessen am Durchschnittsalter der damaligen Zeit zukam, sondern weil das, was sie sagte, plötzlich von einer 'alten Seele' zu kommen schien.

Ich erinnere mich, dass ihre Art zu lehren vor allem darin bestand, auf Fragen zu antworten, die man ihr stellte. Nur selten ergriff sie die Initiative und kam den Fragen zuvor. Sie war eher wie ein Buch, dessen Seiten man nach Belieben aufschlagen kann.

Genau wie der Meister und Maria Magdalena auch, ließ sie keine Gelegenheit aus, um die Kluft zu schließen, die sich zwangsläufig zwischen Körper und Geist auftut.

Im Kern ihrer Lehre stand also eine Absage an Dualität und Trennung. Für sie lag das Problem nicht in der Polarität zwischen Körper und Geist, sondern in der Vorstellung, die die Seele sich von der Dualität machte.

Damit knüpfte sie an das Wort ihres Sohnes an, für den Tag und Nacht, Mann und Frau, viel und wenig, keine Gegensätze waren, sondern sich gegenseitig bereicherten und ergänzten.

Die Wurzel des Leides lag damit für sie in der Seele, die so gesehen nicht die Verbindung zwischen Körper und Geist war, sondern eine radikale Trennung zwischen beiden bewirkte.

Und so hörte ich sie zum allgemeinen Erstaunen sagen: "Es ist nicht der Körper, den man überwinden muss, sondern die Seele, mit all ihren Schichten an Blindheit und ihren erstarrten Gewohnheiten ... Denn die Wurzeln eines Baumes sind genau wie seine Äste. Der Stamm - die Seele - ist eine aufsteigende Achse, doch darf man nicht die wesentliche Ausdrucksform des Baumes darin sehen. Er ist weder Anfang noch Ende, sondern nur ein Verbindungsglied, mit dessen Hilfe sich Himmel und Erde vereinigen ... das womit man am Ende Feuer macht."

Die weiblichen Apostel

Da wir gerade von Maria sprechen, möchte ich ganz spontan auch gleich von den anderen Frauen erzählen, die Christus täglich umgaben. Das ist keine Nebensächlichkeit. Es ist viel wichtiger als man denkt.

Wenn die Szenen der Vergangenheit in mir aufsteigen, bin ich immer überrascht, wie wichtig diese Frauen im unmittelbaren Umkreis des Meisters waren.[19] Die Tatsache, dass sie bei der Verbreitung der guten Nachricht eliminiert wurden und man ihre tragende Rolle darin nicht anerkannte, macht sie nur umso interessanter. Zensiert wird ja normalerweise nur, was die etablierte Ordnung stört ... und diese etablierte Ordnung war natürlich eine männliche, gleichsam totalitäre Ordnung. In gewisser Weise dauert sie bis auf den heutigen Tag an und ist unterschwellig weiterhin gültig.

19) Vgl. "Jesus Jüngerinnen" vom selben Autor, Silberschnur Verlag.

Wesentlich geprägt ist sie von den Auffassungen und Absichten Simon-Petrus', aber auch von Paulus, dem einstigen Saulus aus Tarsien.

Ich kann bestätigen, dass es unter den Jüngern Christi fast ebenso viele Frauen wie Männer gab. Aufgrund ihres intuitiven Wesens hatten sie vermutlich einen noch tieferen und reineren Zugang zu seiner Lehre.

Es versteht sich von selbst, dass die Polarität männlich-weiblich in der Persönlichkeit des Meisters Jeshua sehr ausgeglichen war.

Seine Worte und Handlungen bewirkten eine Öffnung des Herzens und eine Befreiung von Verstrickungen, die fraglos vor allem die sensible, weibliche Seite des menschlichen Wesens ansprach.

In einer Gesellschaft, die von den Zwängen patriarchalischer Verhaltensmuster geprägt war, musste das die Menschen verstimmen, ja, schockieren.

Die ersten Apostel lehnten es mehr oder minder unbewusst ab, auf diese eingefahrenen Verhaltensweisen zu verzichten, hätte es doch ihre gesamte innere Ordnung auf den Kopf gestellt. Das galt auch für Simon-Petrus.

Ich möchte noch einmal auf ihn zurückkommen. Ohne seine wichtige menschliche Führungsposition zu leugnen, darf man nicht vergessen, dass Eifersucht eine seiner hervorstechenden Eigenschaften war. Wie gesagt, reagierte er sehr heftig, wenn er von bestimmten Ereignissen ausgeschlossen war. Nun bleibt noch zu erwähnen, dass es ihn ganz besonders aufregte, wenn Frauen, wie etwa Maria Magdalena, Lehren zuteilwurden, die seinen geistigen Horizont bei Weitem überstiegen.

Es war ja allgemein bekannt, dass der Meister bestimmte Momente dafür reserviert hatte, regelmäßig in sehr kleinen Gruppen Frauen zu unterrichten.

Darüber war der Klerus der damaligen Zeit höchst verstimmt. Es trug gewiss zu der Entscheidung bei, Christus als einen Gesetzlosen wahrzunehmen, von dem man sich dringend befreien musste.

Ich werde bestimmte Aspekte dieser Lehren an anderer Stelle weiter ausführen, natürlich nur in dem Maße, wie die Akasha-Chronik mir erlaubt, in sie einzudringen.

Durch die besondere Aufmerksamkeit, die der Meister Frauen entgegenbrachte - und zwar, wie Er oft sagte, aufgrund ihrer Fähigkeit, das was Er vermittelte nicht etwa besser zu verstehen, sondern zu *verkörpern* - musste Er genau darauf achten, was Er in ihnen auslöste.

Es ist wohl überflüssig zu sagen, dass viele Frauen heftige Liebesgefühle für Ihn hegten. Die meisten zeigten es nicht. Aber es gelang nicht allen, das zu verbergen. Er selbst ging das Risiko bewusst ein, wog es aber immer wieder fein ab.

Er gab gerne zu, dass die innere Revolution, die durch Ihn zum Leben erweckt wurde, zu einem großen Teil nur durch Frauen bewirkt werden konnte ... oder durch das Weibliche, das auch jedem Mann innewohnt. So besaß etwa der Apostel Johannes, der ja bekanntlich einer der engsten männlichen Vertrauten des Meisters war, eine ausgeprägte weibliche Sensibilität. Ich erinnere mich, dass er als einer der wenigen unter uns sein Haar sorgfältig pflegte und auch allgemein sehr auf seine Kleidung achtete.

Er tat es dem Rabbi Jeshua gleich, der stets viel Wert auf die Sauberkeit seines Köpers und seiner Kleidung legte. Schlichte Kleidung und Gepflegtheit schlossen sich für beide nicht aus, schon aufgrund eines ganz natürlichen Respekts vor dem Prinzip der Harmonie.

Unter den Frauen, die den Meister umgaben, entstanden gewiss ein paar Mal kleine Gefühlsdramen, die natürlich auf Eifersucht basierten.

Ich erinnere mich, dass eines dieser Ereignisse zur plötzlichen Ablehnung des Meisters und seiner Lehre führte. Die Jüngerin, - ich glaube sie hieß Batseba - verzichtete lieber auf ihren Weg als seine Schülerin, als auf ihre leidenschaftliche Liebe zu Ihm. Der Meister selbst reagierte gar nicht darauf, wodurch sich Batseba zu Ausbrüchen hinreißen ließ, die man heute als hysterisch bezeichnen würde.

Sie bewarf ihren Lehrer sozusagen mit Dreck. In so einem Fall nicht zu reagieren - oder zumindest nicht sofort - war auch eine Art Lehre des Meisters. Sehr häufig bestand seine Methode darin, den Betroffenen Zeit zu geben, ihre Emotionen voll auszuleben, ja auf die Spitze zu treiben.

So gab Er den Schlacken der Persönlichkeit Gelegenheit, ganz hervorzubrechen und sich zu zeigen oder sich zu verzehren, sodass schließlich eine endgültige Heilung möglich war. Der Meister war der Auffassung, dass der Körper, wenn er sich ausdrücken musste, es auch tun solle, weil sich sonst Schmutzschlieren über das Körpergedächtnis legen würden.

Daher waren Ihm heftige Ablehnung oder Wutausbrüche lieber, als Bedrücktheit und stummes Unverständnis, an denen man lange zu nagen hat und die einen gleichsam von innen auffressen.

Aus diesem Grund sagte er bei solchen Gelegenheiten wenig und drückte sich immer sehr gewählt aus. Seine Worte waren zuweilen deutlich und treffend, verletzend aber waren sie nie. Ich würde sagen, seine Gegenwart war von einer eindringlichen Sanftmut geprägt.

Auch Batseba reichte Er etwa sechs Monate nach ihrem Ausbruch und ihrer Verweigerung eine helfende Hand. Er fand Mittel und Wege, sie zu sich zu rufen und bat sie einfach, sich vor Ihn hinzusetzen und in seiner Gegenwart zu meditieren. Als die stumme Begegnung zu Ende ging, war das Licht, von dem Batseba von nun an beseelt war, für alle, die sie kannten, deutlich spürbar. Sie war eine ganz andere Frau geworden.

Im Laufe der Zeit und dank des Strahlens Christi hatte sie eine andere Art von Liebe entdeckt, die sie Ihm entgegenbringen konnte. Sie wusste nun, was sie mit ihrer Liebe anfangen sollte.

Im Grunde erwartete der Meister von vielen nichts anderes, als den Mut, die Spielarten des Stolzes zu überwinden, aber auch jene Anspannung der Seele, die alles in Egozentrik erstarren lässt.

Er gab denen, die selbst dazu bereit waren, zu geben, also Menschen, die in der Lage waren, sich der natürlichen Ausdehnung des Lebens hinzugeben.

Er richtete niemanden auf, zeigte aber allen, wohin es führen kann, wenn man sich in ängstlichen Grübeleien verliert und sein Bewusstsein, das sich selbst noch nicht entdeckt hat, zu sehr einschränkt. Auf diese Weise verwies Er jeden auf seine ganz persönliche vertikale Achse. Er kämpfte gegen nichts und ließ seine Gegner sich im Gefuchtel ihrer Kampfgesten selbst erschöpfen.

Die Frauen, die um Ihn waren, gaben sich in dieser Hinsicht weitaus geschmeidiger als die Männer. Sie arbeiteten in Seiner Gegenwart an ihrer eigenen Art zu Lieben, um dieser Liebe sowohl im täglichen Miteinander als auch in der Hinwendung zum Geiste, die richtige Richtung zu geben.

Für den Meister Jeshua existierte in der Liebe kein Entweder - Oder. Es gab nicht eine irdische, an die Erde gebundene Form und eine, die sich auf den Himmel bezog. In seinen Augen entwickelt sich Liebe erst eigentlich am Schnittpunkt dieser vermeintlich gegensätzlichen Richtungen. Erst hier kommt sie voll zur Geltung, steht also genau im Mittelpunkt des Kreuzes, das von jeher in die kosmische Unendlichkeit eingezeichnet ist.

Wenn die totalitaristische Männerherrschaft, von der die Kirche im Wesentlichen geprägt ist, auch den Versuch unternommen hat, diesen Aspekt der christlichen Lehre auszulöschen, muss man doch zur Kenntnis nehmen, dass die Zeiten sich geändert haben. Man kann an diesem Punkt einfach nicht mehr stehen bleiben.

Da wir gerade von der Bedeutung der weiblichen Energie und der Frauen im Umkreis Jeshuas sprechen, möchte ich auch gleich erwähnen, dass die meisten Jünger, die Christus nahe standen, verheiratet waren ... oder zumindest eine Lebensgefährtin hatten und zwar ungeachtet des schlechten Rufes, der damals auf dieser Lebensweise lastete.

Auf der anderen Seite darf man aber nicht glauben, dass Christus die Menschen dazu aufforderte, ihre Lebensgefährten zu verlassen, um Ihm zu folgen.

Ich habe Ihn nie etwas Derartiges sagen hören. Er hat nie auch nur ansatzweise eine Bindung zerstört, um irgendjemanden an Sich zu ketten.

Es ist natürlich richtig, dass in einigen Familien durch sein Wort eine Kluft entstanden ist ... doch bestimmt nicht auf sein Betreiben hin.

Es war nur Seine seltsame Mischung aus frischem, lebendigem Wasser und Feuer, die sich zwangsläufig so mancher Seele mitteilte und dazu führte, dass sie sich mit ihren Angehörigen entzweite.

In einem Punkt war Er allerdings kompromisslos und das hat wohl dazu beigetragen, dass sein Wort falsch ausgelegt wurde: Für den Meister musste die Gegenwart Gottes im Leben eines Menschen an erster Stelle stehen.

Das war ein ganz selbstverständlicher und entscheidender Aspekt seines Wortes, denn Er sagte ja, dass die Essenz seines Vaters seit Anbeginn im Herzen eines jeden von uns zu Hause ist.

Diese Essenz oder dieses Prinzip als zweitrangig zu betrachten, kam also einer Selbstverleugnung gleich und zwar sowohl in Hinblick auf den Ursprung als auch auf das Schicksal und die Bestimmung des Menschen.

"Der Allmächtige ist Alles", hat Er wohl über tausend Mal gesagt. Ihr könnt Ihn weder aus eurem Leben verbannen noch zu einem Teil eures Inneren degradieren, das euch erst dann wieder einfällt, wenn es euch schlecht geht. Er ist Alles, weil er das Leben ist. Ihr habt Anteil an Ihm und Er an euch. Ihr könnt also alles aufgeben, außer seiner Spur und Seinen Weg in euch.

Die offizielle, von der Kirche vertretene Geschichte ist voller Widersprüche. Auf der einen Seite behauptet sie, dass Männer im unmittelbaren Umfeld Christi vorrangig waren. Andererseits sind in den kanonischen Evangelien jedoch nur Frauen als unmittelbare Zeugen der Auferstehung Christi nach der Kreuzigung aufgeführt.

Auch die Verbreitung der Lehre Christi in Gallien war nicht zuletzt eine Sache der Frauen.

An Bord der berühmten "Boote", die im Golf von Lion anlegten, begegnen wir natürlich wieder Miriam von Magdala, Maria-Jakobea und Maria-Salome. Die Überlieferung zählt auch Sarah dazu. Sie steht in dem kleinen Küstenort Saintes-Maries-de-la-Mer unweit von Nîmes bekanntlich im Zentrum eines wichtigen Kultes.

Sarah

Vielleicht noch ein paar Worte zu jener geheimnisvollen Sarah, die heute als schwarze Madonna in einer Krypta verehrt wird. Abgesehen davon, dass schon die alchemistische Symbolik dieses Aussehen rechtfertigt, war Sarah wirklich eine Farbige, das weiß ich noch.

Sie war etwa fünfzehn Jahre jünger als ich und gehörte zu den Frauen der ersten Stunde, die den Meister sogleich in seiner ganzen Tragweite erkannten und Ihm unbeirrt folgten, allen Wechselfällen des Lebens zum Trotz. Unter allen Frauen, die für die Mittelmeerküste Galliens prägend waren, kam ihre ausgeprägte Lebhaftigkeit und Feinfühligkeit Miriam von Magdala wohl am nächsten.

Sie stammte aus einer Sklavenfamilie, die aus Ägypten nach Palästina geflohen war. Folglich hatte Sarah zunächst ein Nomadenleben geführt. Ich weiß noch, dass sie einem manchmal Angst einjagen konnte, schon durch ihre Hautfarbe ... aber auch, weil sie aufgrund ihrer Herkunft bestimmte magische Praktiken beherrschte.

Das war in gewisser Weise ein Handicap für sie. Es passte nicht zu dem, was der Meister verbreiten wollte. Seit sie dem engsten Kreis um Christus angehörte, vollzog sie zwar keine magischen Rituale mehr, verfügte aber über die entsprechenden Kräfte und strahlte das auch aus. Es umgab sie wie ein zarter, doch beunruhigender Duft, den alle wahrnahmen, die ihr zuhörten.

Ich habe Sarah als eine sanfte und zugleich rebellische Frau in Erinnerung. Sie gab sich Mühe, die Narben einer Verletzung zu verbergen, die schwer festzumachen war – vielleicht die ihres einstigen Sklaventums. Doch wenn es darum ging, die Lehre des Meisters zu verbreiten, war sie zu echten Begeisterungsstürmen fähig.

Mit ihrem ungreifbaren, doch leicht entflammbaren Wesen, faszinierte sie die Menschen in den Dörfern, in denen sie unterwegs war. Wer ihr zuhörte, oder sie auch einfach nur sah, ohne sie zu kennen, fragte sich zwangsläufig: "*Wer* wirkt in ihr, von welchem Geist ist sie beseelt?"

Viele befürchteten, dass zerstörerische Kräfte in ihr am Werk sein könnten, daran erinnere ich mich. Das lag nicht zuletzt an ihrer Hautfarbe, die in Gallien ausgesprochen selten war. Andere wieder ließen sich von ihrer Ausstrahlung schnell überzeugen.

Was sie sagte, spielte dabei die geringste Rolle, denn sie hatte große Schwierigkeiten mit der Sprache des Volkes, das sie aufgenommen hatte. Was in ihr lebte, gab sie eher mit den Händen weiter. Mit ihnen war sie sehr großzügig und nahm viele Heilungen vor.

Man neigt heute überhaupt dazu, den Aspekt der Heilungen zu vergessen. Er war jedoch sehr hilfreich für die ersten Christen und trug ganz wesentlich dazu bei, Seine Gegenwart auf Erden bekannt zu machen.

“Das Wunder der Heilung hat etwas mit Musik zu tun”, erklärte der Meister eines Tages. “Sie dringt in unsere Seelenohren, ohne kommentiert oder übersetzt werden zu müssen.”

Wiederum waren es vor allem Frauen, die begannen in der Nachfolge Christi zu heilen. Es sieht fast so aus, als habe Er ihnen eine Gnade vermittelt - oder sie in ihnen erweckt - die Männern schwerer zugänglich ist.

Miriam von Magdala

Sarahs spontane Magie wirft hier natürlich die ‘Frage’ nach jener mysteriösen, höchst umstrittenen Miriam aus dem kleinen Dorf Magdala am Ufer des Sees Genezareth auf.

Die Erwähnung ihres Namens lässt heute mehr denn je aufhorchen. Es ist, als würden wir spüren, dass sie auch jenseits des Evangeliums die Hüterin eines machtvollen Geheimnisses war.

Wenn ich mich ihr in den Tiefen meines Gedächtnisses zuwende, fällt es mir oft schwer, die Flut der heraufdrängenden

Bilder zu ordnen. Schon seit vielen Jahren bemühe ich mich ja deutlich zu machen, dass sie ganz und gar nicht die Prostituierte war, zu der die kanonischen Evangelien sie machen wollen.[20]

Vielmehr haben die Kirchenväter im fünften Jahrhundert ihre unkonventionelle und unbequeme Seite ihren eigenen Zwecken dienstbar gemacht. Sie versuchten, das Bild, das man von ihr hatte, zu beschädigen, weil es die Rolle der Frau in der christlichen Lehre zu stark hervorhob.

Man kann jedoch nicht ewig alles unter Verschluss halten. Die Wahrheit wird früher oder später ans Licht kommen.

Das Gedächtnis der Zeit zeigt uns nun, was vor zweitausend Jahren allgemein bekannt war. Miriam von Magdala war Essenerin, gehörte aber keiner bestimmten Gemeinde an. Sie war etwa von ihrem fünfzehnten Lebensjahr an mit Saulus von Tarsus, dem späteren Paulus und Verfasser der Paulusbriefe verheiratet.

Saulus war sehr stolz darauf, den Status eines römischen Bürgers erworben zu haben. Er hatte einen Hang zum Alkohol und neigte als Ehemann, wie man leider sagen muss, zu Gewalt.

Überdies verfolgte er ganz bestimmte politische Ziele und ging weder innerlich noch äußerlich spirituelle Wege. Weder von seinem Wesen noch von seinen gesellschaftlichen Beziehungen her, hatte er irgendetwas mit ernsthaften geistigen Bemühungen zu tun. Er fühlte sich im Diesseits voll und ganz zu Hause, auch wenn er in der Öffentlichkeit durchaus eine gewisse Frömmigkeit zur Schau trug. Wenn man ihm in den Gassen von Jerusalem begegnete, war er durchweg von drei oder vier Würdenträgern oder anderen wichtigen Leuten umgeben, entweder von Römern oder von Sadduzäern. Man hatte zur Seite zu treten und ihm den Weg freizumachen. Er war freilich zu dem Zeitpunkt, an dem sie selbst

20) Vgl. vom selben Autor: "Maria Magdalena", "Essener Visionen" und "Jesus' Jüngerinnen", Silberschnur Verlag.

noch auf der Suche nach ihrem Weg war, für Miriam anziehend. Und so war ihre Ehe zwar - wie damals alle Ehen - arrangiert, zugleich aber auch eine Liebesheirat ...

Doch wie kann eine Liebe überleben, wenn einer mit beiden Beinen fest auf dem Boden steht, während der andere Flügel hat, die er unbedingt ausbreiten möchte? So fand die Trennung schon wenige Jahre nach der Hochzeit statt. In der Zwischenzeit hatte Miriam einen Sohn geboren, Markus. Sie zog ihn auf, bis er großjährig war. Das war natürlich ein Skandal, denn ein Ehemann konnte zwar ohne Weiteres seine Frau verstoßen, doch der umgekehrte Fall war einfach undenkbar ... Außer, es handelte sich um eine Frau 'mit schlechtem Ruf.'

Als ich Miriam zum ersten Mal begegnete - und zwar nicht in Jerusalem, sondern in der Gegend von Bethanien, hatte sie noch immer den Ruf einer Hure.

Obwohl ich nicht den Eindruck hatte, dass sie zum engsten Kreis der Jünger gehörte, fiel mir, als sie öfter dabei war, doch auf, dass sie den Meister schon gut kannte und auf sehr vertrautem Fuß mit ihm stand.

Das hatte zunächst einmal einen ganz einfachen Grund, über den sich niemand wunderte: Ihr Vater - kein anderer als der reiche Schiffsausrüster Joseph von Arimathia - war zugleich Jeshuas Onkel. Im Übrigen war die Nähe, die zwischen den beiden entstanden war, für die damalige Zeit durchaus nicht unüblich. Männer, denen man das Recht zubilligte, in den Synagogen die Schriften auszulegen, mussten nämlich verheiratet sein.

War Miriam von Magdala also die Ehefrau von Jeshua? Diese Auffassung wird immer wieder vertreten. Ich finde sie keineswegs schockierend, im Gegenteil, kann sie im Moment aber noch nicht bestätigen. Was ich in den Akasha-Annalen bisher durchleben durfte, berechtigt mich einfach nicht dazu ...

Da sich das 'Buch' der Zeit jedoch Jahr für Jahr ein Stück weiter öffnet, kann es gut sein, dass ich eines Tages etwas Genaueres dazu sagen kann.[21]

Auf jeden Fall hat zwischen Jeshua und Miriam unleugbar eine Verbindung bestanden, die nicht ausschließlich seelischer Natur war. Das ist zumindest mein Eindruck. Ich denke, dass sie zumindest die Intimität eines tantrischen Paares miteinander teilten.

Diese Bemerkung muss man wohl etwas näher erläutern, da unsere westliche Kultur mit diesem Begriff kaum vertraut ist. In ihrer Unwissenheit verwechselt sie, mit einem spöttischen Lächeln, die Disziplin des Tantrismus leicht mit der Praxis des Kama Sutra, in der es ausschließlich um Sinneslust geht.

Die uralte Lehre des Tantrismus stellt ursprünglich einen rein spirituellen Weg dar, auch wenn sie die intimsten Seiten des Körpers einbezieht. Der Körper wird darin als Tempel Gottes betrachtet und die Sinne als Ausgangspunkte einer echten Bewusstseinserweiterung.

Wenn man in Betracht zieht, dass Jeshua in seiner Jugend mehrere Jahre im Himalaya verbracht hat und dort Schüler des Avatars Babaji war, kann es kaum überraschen, dass Er mit den Gesetzen des Tantrismus vertraut ist.

In diesem alten Wissen geht es darum, auf kontrollierte Weise die Kraft der Erhebung, die man Kundalini nennt, freizusetzen.

Die Hauptenergiequelle dieser Kraft hat ihren Sitz ganz unten an der Wirbelsäule.

Sie ist zwischen Steißbein und Kreuzbein, das seinen Namen nicht zufällig trägt, wie eine Schlange aufgerollt.

---

21) Anmerkung des Verlegers: Daniel Meurois hat seine Untersuchungen der Akasha-Chronik fortgesetzt. So ist inzwischen u. a. das Buch "Jesus' Jüngerinnen" erschienen. Dort wird im IX. Kapitel die intime, eheliche Verbindung des Meisters Jesus mit Miriam von Magdala dargelegt.

Auf menschlicher Ebene ist ihre Energie geradezu mit einer Atombombe vergleichbar. Wird sie entfesselt, so bringt sie eine radikale Veränderung des Energieniveaus des Menschen mit sich. Ich persönlich bin davon überzeugt, dass der tantrische und damit höchst anspruchsvolle und zutiefst heilige Aspekt der Liebe, die sich zwischen dem Meister und Miriam von Magdala entwickelt hat, sie zu der großen Jüngerin und Eingeweihten gemacht hat, die wir seit ein paar Jahren endlich in ihr wahrnehmen können.

Seit über zweitausend Jahren bewahre ich die Erinnerung daran, was für alle, die Christus nahe standen selbstverständlich war: Miriam hat eine 'ganz spezielle' Lehre erhalten. Sie hatte im Herzen Christi einen 'ganz besonderen' Platz. Manch einer mag sich darüber wundern, dass ein Wesen seiner Größe eine Bindung eingehen konnte, die auf persönlichen Liebesgefühlen basiert. Diesen Einwand habe ich schon öfter gehört.

Genau das aber ist geschehen. Ich kann es versichern, und dieser Aspekt der Inkarnation Christi stellt zweifellos für die Menschheit einen der größten Weckimpulse dar.

Er zeigt, in welchem Maße das Göttliche und das Menschliche Hand in Hand gehen, sich gegenseitig ergänzen und in ein und derselben Welt eins im anderen zur vollen Schönheit erblühen.

Der Fall von Christus und Miriam von Magdala ist als Siegel der Versöhnung auf beispielhafte Weise prägend für unser Bewusstsein.

Es ruft uns ferner in Erinnerung, dass die Liebe - so vielfältige Farben und Formen sie auch annehmen mag, wie die frei um sich greifenden Äste eines lichtvollen Baumes - doch immer aus demselben Stamm hervorgeht und sich aus denselben Wurzeln im Unendlichen nährt.

Um auf Miriam von Magdala selbst zurückzukommen, so ist wohl einleuchtend, dass sie eine außergewöhnliche Seele gehabt haben muss, da sie für den Meister eine so große Rolle spielte.

Galliens an Land gingen, unter anderem in Begleitung von Sarah und Maria-Jakobea.[23]

Allerdings hat sie den Vornamen 'Maria' seiner Zeit nie getragen. Es handelt sich dabei um eine später von der Kirche völlig willkürlich hinzugefügte Ergänzung.

Es ist mir ein Anliegen, Salome zu erwähnen, weil sie eine ausgesprochen sanfte und geduldige Person war. Damit besaß sie zwei Eigenschaften, die dem Meister sehr wichtig waren. Es ist ein Irrtum zu glauben, sie stünden im Widerspruch zum Mut und zur Verve seiner Rebellion. Auch diese lag Ihm ja sehr am Herzen. Er hat das immer wieder betont: Die feurige Unerschrockenheit und Heftigkeit so mancher Rebellen nimmt der Sanftmut und frommen Geduld anderer nichts, die lediglich etwas diskreter vorgehen.

Und so waren Lebhaftigkeit und Zärtlichkeit, Ruhe und Ungestüm in der Lehre des Meisters, ebenso wie bei seinen engsten Jüngern, sehr wohl vereinbar.

Salome war die junge Frau von Zachäus, was so gut wie unbekannt ist. Auch er wird in den Evangelien als Jünger erwähnt und auch er verbrachte seinen Lebensabend in Gallien. Im Mittelalter gab man ihm den Namen St. Amadour.[24]

In meiner Erinnerung ist sie vor allem auch die Frau, welche den römischen Ordnungskräften trotzte. Sie wagte es, sich dem Meister auf seinem Gang nach Golgatha zu nähern, um Ihm mit einem Tuch den Schweiß abzuwischen. Erst nachträglich wurde sie Veronika genannt. Auf Griechisch bedeutet das etymologisch 'wahres Bild'. Es wurde nämlich behauptet, das Gesicht Jeshuas

23) Zur Rolle von Maria-Jakobea vgl. "Jesus' Jüngerinnen", Kap. I–IV, vom selben Autor, Silberschnur Verlag.

24) Man kann sein Grab noch heute in Frankreich besichtigen. Es liegt in Rocamadour. Dieses Dorf ist eine Station auf dem Jakobsweg und für seine schwarze Madonna bekannt.

sei auf besagtem Tuch abgebildet worden. Ich kann bestätigen, dass dieses Ereignis kurz vor der Kreuzigung des Meisters wirklich stattgefunden hat. Allerdings war damals nicht die Rede davon, dass Sein Gesicht auf dem Stoff Spuren hinterlassen habe ... [25]

Wie es auch gewesen sein mag, diese Szene erweist sehr schön jene bewusste, von Mut getragene Zärtlichkeit, die ein zentraler Wesenszug des Wortes Christi war.

Der Meister vertrat diese liebevolle und dezente Art zu sein und zu handeln und rief sie bei anderen ebenfalls hervor. Sie war wie ein Schlüssel, der es einem ermöglichte, mit der schmerzvollen Seite des inkarnierten Daseins umzugehen und gleichsam Schlupflöcher darin zu finden.

Salome wurde von den anwesenden Legionären tatsächlich nicht aufgehalten und so gelang es ihr leichthin dem Gesicht des Meisters eine gewisse Erleichterung zu verschaffen. Es war, als sei ihre Gestalt durchsichtig.

Von der Wesensart und einer natürlichen Veranlagung Salomes einmal abgesehen, ist durchaus denkbar, dass sie eine bestimmte Atemtechnik angewendet hat, die Jeshua uns gelehrt hatte. Diese bewirkte, dass die Aura für gewisse Zeit aufgehoben war. Das konnte den Eindruck von Unsichtbarkeit erwecken.

Während Miriam von Magdala oder Sarah die inkarnierte Liebe und Hingabe verkörperten, versinnbildlichte Salome auf wunderbare Weise die leichte, luftige Seite der Hinwendung zum Göttlichen. Darüber hinaus besaß sie eine ausgeprägte künstlerische Sensibilität. War es nicht auch Salome, die dem Meister das Haar und den Bart schneiden durfte?

Dass ihr diese Aufgabe anvertraut wurde, spricht für sich. Sie kam zu jener Zeit und unter diesen Umständen nahezu einem

25) Vgl. "Jesus' Jüngerinnen", Kapitel 8, S. 253, FN 27.

Ritual gleich. Darin zeigt sich, wie viel Nähe und Vertrautheit zwischen dem Lehrer und seinen engsten Jüngern möglich war. In solchen Situationen konnte der Meister wieder zum braven, kleinen Kind werden. Er erfreute sich an den einfachen Dingen des Lebens und gönnte seiner Seele etwas Entspannung.

Wäre Salome etwas weniger schüchtern und in sich gekehrt gewesen, hätte sie wohl auch eine Denkrichtung begründen können. Diese wäre dann von feinsinnigem Mitgefühl getragen gewesen.

Jedenfalls zeigten sich alle, die Zeugen ihrer Geste am Passionsweg wurden, von ihrer ruhigen, diskreten und selbstsicheren Art tief beeindruckt. Sie sahen darin eine Kraft, deren Grundlage nur die tiefste Lehre des Meisters sein konnte.

Einige Monate nach der Kreuzigung vertraute sie mir an, dass man sie mehrfach gebeten habe, weiterzugeben, was sie beim Meister gelernt hatte.

Sie war stets überzeugt, einer solchen Aufgabe nicht gewachsen zu sein und lehnte daher immer wieder ab, bis sie einen Traum hatte, in dem sie klar und deutlich dazu aufgefordert wurde, mit anderen zu teilen, was sie empfangen hatte.

Und so begegnen wir ihr in einem jener berühmten Boote wieder, die Palästina verließen, um sich auf den Weg nach Gallien zu machen.

Salome ist vor allem ein Beispiel dafür, wie man über sich selbst hinauswachsen kann. Sie steht für eine Persönlichkeit, die fähig ist, dank ihrer Willenskraft und der Zärtlichkeit, die sie zu geben hat, ihre Ängste zu überwinden.

Zweiter Teil

Das kosmische Spiel

Kapitel IV

Der Kern der Lehre

Jenseits des offiziellen Wissens

Ich möchte euch mit diesem Buch natürlich keine neue Lesart der kanonischen Evangelien vorlegen. Es geht mir vielmehr darum, mich mit euch gemeinsam an den Kern der Lehre zu erinnern, die den Evangelien zugrundeliegt und zwar so, wie ich sie erlebt habe.

Vorab noch eine kleine Anmerkung. Die Evangelien werden ja gemeinhin für feststehende Wahrheiten gehalten – für unabänderlich und nicht hinterfragbar. Das ist jedoch keineswegs der Fall. Warum nicht?

Zunächst einmal einfach deshalb, weil kein einziges Originalmanuskript erhalten ist. Es existieren lediglich Kopien und Übersetzungen, die immer weiter überarbeitet und von einer Generation zur nächsten weitergegeben wurden. Erst im Jahre 397, auf dem dritten karthagischen Konzil, wurden 'die Evangelien' für kanonisch erklärt. Diese Zuschreibung, die überhaupt erst ein Heiligtum aus ihnen machte, wurde erst 1546 auf dem Konzil von Trient offiziell gültig.[26]

Es erübrigt sich also zu erwähnen, dass im Laufe der Jahrhunderte vieles hinzugefügt wurde und die Evangelien zahllosen Zensuren und Manipulationen aller Art ausgesetzt waren. Dabei ging es zumeist um die Interessensbefriedigung verschiedener Denkrichtungen, die das Bewusstsein im Sinne der Etablierung einer temporären weltlichen Macht kontrollieren wollten. Im Zuge dessen wurde auch eine beträchtliche Zahl von Evangelien als Träger 'häretischen' Gedankengutes beseitigt oder zerstört. Die meisten waren auf Papyrus geschrieben.

Das älteste, das bisher gefunden wurde, gehört in die Traditionslinie des Johannes. Es ist unvollständig, voller Lücken und könnte etwa im Jahr 130 entstanden sein.

Überdies muss man bedenken, dass die Bezeichnung Apostel nicht unbedingt 'leibhaftiger Schüler oder Jünger' bedeutet, ebenso wenig wie ein Evangelist zwangsläufig auch 'Augenzeuge' war.

---

26) Hier noch einige Hinweise zu den vier sogenannten kanonischen Evangelien: Es ist bekannt, dass der junge Markus sich bei der Abfassung seines Evangeliums auf Simon-Petrus gestützt hat - der quasi Analphabet war - und zwar, weil er ebenfalls nicht schreiben konnte ... Levi stellte sich als Matthäus später derselben Aufgabe, um das Markus-Evangelium zu vervollständigen. Sein Text versucht jedoch, die Juden davon zu überzeugen, dass Jeshua der von Israel erwartete Messias ist. Er verfolgt damit politische Absichten. Das dritte kanonische Evangelium stammt von Lukas ... der jedoch kein Augenzeuge des Geschehens war. Er folgt in seinen Schriften den Berichten von Zeitgenossen Christi, die im Jahre 70 unserer Zeitrechnung noch leben. Ferner ist es nicht unerheblich zu wissen, dass Lukas mit Paulus befreundet war. Das Johannesevangelium ist am spätesten entstanden. Es enthält das größte mystische Potenzial, war allerdings auch den massivsten Eingriffen unterworfen, weil die Perspektive, die es eröffnet, ins Unendliche ging und damit am unbequemsten und bedrohlichsten war.

Man kann Historiker sein - oder sich als solchen bezeichnen, - ohne an den Ereignissen, über die man berichtet selbst teilgenommen zu haben ... Das Problem besteht nur darin, dass die Folgen im Bereich des Glaubens und der Spiritualität unabsehbar sind, weil sie die Entwicklung des menschlichen Bewusstseins über Jahrtausende prägen.

Kurz gesagt, es ist eine Tatsache, dass bei Weitem nicht alles, was in den kanonischen Evangelien steht 'das Evangelium' ist.

Auf dem Hintergrund der Erfahrungen, die ich selbst auf meinen Reisen durch die Zeit gemacht habe, lehne ich sie keineswegs ab. Ich respektiere sie als Ausdrucksformen des Heiligen, lese sie aber mit gewissen Abstrichen.

Schon eine einfache Analyse ihres Inhalts macht im Übrigen deutlich, dass es darin weniger um tiefgreifende spirituelle Lehren als um moralische Dinge geht, die einen zu einer gewissen Lebensweisheit anregen sollen. Sie sind eher an das 'einfache Volk' gerichtet - das sich bloß nicht zu viele Fragen stellen soll - als an Menschen, von denen man ein echtes, inneres Wachstum erwartet.

Das Problem ist nur, dass das 'einfache Volk' sich am Ende immer von sich aus bewegt und wächst ... weil das Licht nicht immer unter dem Scheffel bleiben kann.

Verglichen mit dem, was ich von der Lehre des Meisters noch im Herzen trage, ist von seinem Gedankengut, wie es uns vor zweitausend Jahren präsentiert wurde, heute nicht mehr viel übrig. 'Man' hat das außergewöhnliche Erbe, das diese Lehre für die Menschheit darstellt, wissentlich verstümmelt und verkürzt. Ganze Generationen von Priestern wurden über lange Zeit in Unkenntnis der wesentlichen Grundlagen ihres eigenen Glaubens gehalten. Diese Verarmung und die damit einhergehende Dogmatisierung sind zweifellos einer der Hauptgründe für die rasante Verbreitung, welche die orientalische Philosophie seit einigen Jahrzehnten im Abendland findet.

Diese hat nicht nur den Vorzug, auf die gesamte Menschheit anwendbar zu sein, sie ermöglicht auch jedem von uns einen direkten Zugang zum Übersinnlichen, indem sie einen reichen Fundus an Übungswegen zur Verfügung stellten, der weit über die bloße Umsetzung einer ethischen Praxis hinausgeht.

Ein Mensch, der reift, wird sich nicht mit einem Glaubensbekenntnis zufriedengeben, das aus beliebig erscheinenden, dogmatischen Behauptungen besteht. Er möchte die Mechanismen seiner Seele und die innere Funktionsweise des Universums verstehen - mit anderen Worten: das Wesen des Göttlichen. Um zu wachsen, braucht er eine Methode, die alle Ebenen seines Wesens - als Mann oder als Frau - anspricht, ohne dass auch nur der kleinste Teil davon ausgeschlossen wird.

Die Gleichnisse

Wenn ich zwanzig Jahrhunderte zurückblicke, so ist das, woran ich mich vom Meister am wenigsten erinnere, gerade das 'kanonisch Korrekte', nämlich seine Gleichnisse.

Die Christenheit neigt zur Auffassung, der Christus Jeshua sei der Erfinder dieses Genres. Das ist jedoch keineswegs der Fall. Das Gleichnis war im gesamten Nahen Osten als Lehrmethode ausgesprochen beliebt. Es ging ja darum, die Aufmerksamkeit des ungebildeten Volkes zu gewinnen. Das möchte ich noch einmal betonen. Was lag also näher, als kleine Geschichten zu erzählen, die zum Nachdenken anregen und dem täglichen Leben eine vernünftige Richtung geben.

Manche dieser kleinen Geschichten, die dem Meister von den Evangelien in den Mund gelegt werden, stammen allerdings gar nicht von Ihm. Er hat immer wieder große, bekannte Themen aufgegriffen. Die Kunst lag in der Art, wie Er sie erzählte und vor seinem Publikum mit Leben füllte. Dazu kam noch der Tonfall, in dem Er sie auslegte - mit einer Stimme, die einen einfach nicht kalt lassen konnte.

Ganz bestimmt hat Jeshua auch viele Gleichnisse erfunden. Man darf aber nicht glauben, dass Er sich jedes Mal, wenn Er öffentlich sprach, ein neues ausdachte. Manche waren regelrechte 'Klassiker' und den Leuten so vertraut, dass sie sie immer wieder hören wollten ... so wie man Kindern immer aufs Neue ihre Lieblingsmärchen erzählen muss, die sie längst auswendig kennen, einfach weil es die Geschichten sind, die ihr Herz berühren.

Im Zusammenhang mit den Gleichnissen möchte ich noch schnell einen Seitenblick auf die berühmte Bergpredigt werfen, die Christus irrtümlich zugeschrieben wird. Der Meister griff, als er sie hielt, auf einen sehr alten Text aus der nazarenischen Tradition zurück, den Er freilich auf seine Weise deutete. Viele kannten ihn bereits.

Grundlage für die meisten Gleichnisse, die Er erfand, war die ursprüngliche Spontaneität und Naivität seiner Zuhörer, zwei Eigenschaften, die wir angesichts des intellektuellen Ansturms, der sich unserer Gesellschaft bemächtigt hat, fast völlig verloren haben.

Die Parabeln waren also ganz bewusst schlicht gehalten ...

Man muss jedoch wissen, dass der Meister, wenn Er eine solche Geschichte öffentlich erzählte, stets abschweifte. Er holte weit aus und führte uns dabei erst eigentlich zu dem, was Er uns mitteilen wollte. Und so ist es nicht verwunderlich, das Seine Zuhörerschaft nach und nach immer kleiner wurde ...

Am Ende blieben nur jene, die Er sich ganz speziell vorknöpfte und die sich der 'Arbeit an ihrer Seele' nicht entziehen konnten, aber auch Menschen, die zu echter, metaphysischer Abstraktion in der Lage waren.

Viele dieser Exkurse haben Johannes und ein anderer wichtiger Jünger, auf den ich noch zurückkommen werde, nämlich Judas, genau aufgeschrieben ... Die beiden gehörten zu den wenigen Gebildeten im Umkreis Christi.

Fast alle dieser Notizen wurden natürlich zerstört. Die Spuren aber, die sie in den kanonischen Evangelien hinterlassen hätten, fielen der Zensur zum Opfer.

Zerrbild und Wahrheit

Als Beispiel möchte ich die berühmte Stelle aus dem Matthäus-Evangelium anführen, wo der Rat erteilt wird, "die Toten ihre Toten begraben zu lassen". Diese Stelle ist vielfach gedeutet worden. Es heißt dann meist, der Meister habe darauf hinweisen wollen, dass jeder an seiner eigenen Vollkommenheit in dieser Welt arbeiten und versuchen solle, sich in der tröstlichen Schönheit des 'Hier und Jetzt' einzurichten, ohne über die Ungewissheit des irdischen Lebens zu klagen. Diese Deutung ist gewiss nicht falsch ... Aufgrund der Zensur wurde jedoch nie bekannt, dass dieser Ausspruch Christi nur das Fazit einer sehr langen Lektion über die Welten nach dem Tode war, die zum Ziel hatte, uns mit den "vielen Wohnungen (seines) Vaters" vertraut zu machen. Es ging dabei um die verschiedenen Wege der Seele nach dem Tode des physischen Körpers. Das ganze endete mit einer Warnung vor Nekromantie.

Wenn man sich klarmacht, welch eine Zensur hier am Werke war, rückt das doch alles in ein ganz anderes Licht. So wird wohl verständlich, warum ich mir erlaube, von einer Verarmung dessen zu sprechen, was der Menschheit vor zweitausend Jahren klar und deutlich vermittelt wurde. Dafür gibt es noch viele weitere Beispiele.

Nehmen wir etwa die nicht weniger berühmte Episode, in der es heißt, der Meister habe Dämonen aus den Körpern zweier Menschen ausgetrieben und sie in zwei Schweine fahren lassen ... die sich daraufhin sofort ersäuften. Diese Teufelsaustreibung wird dem Meister jedoch zu Unrecht zugeschrieben.

Eine solche rituelle Austreibung böser Geister gehörte zum klassischen Repertoire der sogenannten Wüstenmagier und hat mit den Methoden Christi nichts zu tun.

Er respektierte jede Lebensform so sehr, dass Er sich weigerte, das Leben der geringsten Tiere zu opfern und sei es aus vermeintlich gutem Grund. Er betonte immer wieder, dass Er es nie nötig hatte, auf sogenannte okkulte Praktiken zurückzugreifen, um in der Seelenwelt und der feinstofflichen Welt zu handeln. Er erzählte, dass Er, um Exorzismen auszuführen, die göttliche Liebe so machtvoll zu sich rief, dass Er spürte, wie sie Ihm gleich einem Windstoß in den Nacken fuhr, um dann sogleich auf den Kranken überzugreifen. Ich erinnere mich, dass Er einmal drei oder vier von uns, die sich mit der Wahrnehmung der feinstofflichen Körper auskannten, dazu aufforderte, Ihn bei diesem Vorgehen zu beobachten. Da ich zu dieser kleinen Gruppe gehörte, konnte ich mit ansehen, wie seine gesamte Aura gewaltig vor seinen Körper geschleudert wurde, um dann wie ein 'reinigender Wind' auf den Organismus und die Seele des Leidenden herabzufahren. Auch wir wurden von diesem Ereignis, das kaum länger als zwei oder drei Sekunden dauerte, erschüttert. Wir hatten auf einmal den Eindruck, ein paar Gläser Wein zu viel getrunken zu haben ...

Das Gefühl, betrunken zu sein, hielt nur kurz an, machte uns aber auf wunderbare Weise bewusst, wie zutreffend der Ausdruck 'geistiger Hauch' doch ist.

Da ich gerade dabei bin, ein paar Wahrheiten zu nennen, die von den offiziellen Schriften verzerrt oder verkürzt wurden, möchte ich als weiteres Beispiel noch folgende Zeilen aus dem Matthäus-Evangelium (6-22) anführen: "Das Auge ist des Leibes Licht. Wenn dein Auge einfältig ist, so wird dein ganzer Leib licht sein."

Wenn man auch nur ein wenig achtgibt, begreift man leicht, wovon hier die Rede ist. Das Wort 'Auge' steht im Singular und nicht im Plural, wie es doch eigentlich logisch wäre. In Wahrheit ist dieser Ausspruch der Auszug aus einer Reihe von Lehren zur Entwicklung des sogenannten "dritten Auges". Es handelt sich dabei ja bekanntlich um jenes geistige Auge, das sich nur öffnet, wenn Körper und Bewusstsein rein genug dafür sind.

Man muss wissen, dass Christus ganz besonderen Wert auf die 'Reinheit und Durchlässigkeit der Seele' legte. Er stand damit in Widerspruch zur traditionellen Haltung der Priesterschaft seiner Zeit ... und sogar zu einigen Essenern und Nazarenern, die sich ausführlich in Askese übten, um den Körper zu reinigen.

Wenn man die Überlieferungen genau liest, zeigt sich, dass es hier um die 'Gesundheit des dritten Auges' geht. Dieser kommt eine besondere Bedeutung zu, da sie sich auf den ganzen Körper auswirkt, zwar nicht unmittelbar körperlich, aber in feinstofflicher Hinsicht. Es ist ja die Rede von seinem Licht, also von seiner Aura.

In der sehr langen Lektion, die Er dieser Frage widmete, verwies der Meister Jeshua immer wieder darauf, wie überaus wichtig die Reinheit der Seele dabei ist. Ich erinnere mich, dass Er keine Gelegenheit verpasste, uns daran zu erinnern, dass sie eine Grundbedingung jeglichen spirituellen Aufblühens ist.

Er trat damit als Gegner aller fanatischen Reinigungsrituale körperlicher oder geistiger Art auf, wie sie von den Essener Eremiten aus der Gegend von Qumran - die man heute als 'Fundamentalisten' bezeichnen würde - gefordert wurden.

Obwohl Er den Körper durchaus respektierte und ihn als Ausgangspunkt - gleichsam als 'Sprungbrett' - des Bewusstseins zu höheren geistigen Ebenen nutzte, war die 'kristalline Reinheit der Seele' für Jeshua ganz selbstverständlich der Grundstein des Sonnentempels, an dem Er mit jedem Einzelnen arbeitete.

In seinem Denken gab es keinen Raum für Schwindel, Heuchelei oder Selbstbetrug - und das ging jeden an, der wirklich in Gottes Nähe aufsteigen wollte.

Wenn Er in sehr kleinem Kreis bestimmte Aspekte des Tantras ansprach, betonte Er immer wieder, dass ohne eine reine, unschuldige Seele - also ein ganz genau ausgerichtetes inneres Auge - eine noch so perfekte Technik wenig nützte.

Gegenüber Irrtum oder Ungeschicklichkeit, die jede Suche mit sich bringen, zeigte Er sich äußerst milde. Er richtete sie nicht. Aber Lügen lehnte Er kategorisch ab.

Dazu muss man noch sagen, dass Er zwar nicht definieren wollte, was Wahrheit ist, bei der Lüge war das jedoch anders.

Eine echte Lüge war in seinen Augen keine irrtümliche Abweichung von einer bestimmten Wahrheit, sondern eine Gesinnung mit dem Ziel, den anderen mit voller Absicht zu täuschen.

Er wandte sich vor allem gegen Macht und Manipulation, weil sie dem Menschen bei der Öffnung seines Herzens hinderlich sind.

Ein Lügner war für Ihn nicht in erster Linie ein Mensch, der sich auf altbekannte Weise in kleine Alltagslügen verstrickte, sondern jemand, der Heuchelei und Falschheit zu seinem täglich Brot machte, für den Manipulation also längst zur Gewohnheit geworden war.

Auch seine Polemik gegen die Pharisäer zielte weniger auf diese als soziale Gruppe, deren Verhalten Er nicht besonders schätzte. Sie standen eher symbolisch für eine bestimmte Art zu sein, die mit spirituellen Ambitionen völlig unvereinbar war.

Ich selbst habe jedoch nicht oft erlebt, dass Er sich speziell mit den Pharisäern angelegt hätte. Jedenfalls war das viel seltener der Fall, als es in den Evangelien den Anschein hat.

Der Meister konnte durchaus provokant auftreten und war auch ein hervorragender Redner. Daher war es äußerst selten, dass Er bestimmte Personen direkt angriff. Heute würde ich sagen, Er nützte die Kraft seiner Gegner, um sie aus dem Gleichgewicht zu bringen, ohne dass Er ihnen den kleinsten Schlag versetzen musste, so wie die Meister der Kampfkünste es tun.

Diese ungreifbare Seite des Meisters, seine Fähigkeit unvorhersehbar zu reagieren, regte den Klerus besonders auf.

Als letztes Beispiel dafür, wie nachhaltig die Lehren Christi verkürzt und verstümmelt wurden, möchte ich noch einmal Matthäus (71-2) zitieren. Dort heißt es: "Richtet nicht, damit ihr nicht gerichtet werdet, denn wie ihr richtet, so werdet ihr gerichtet werden und nach dem Maß mit dem ihr messt und zuteilt, wird euch zugeteilt werden."

Dieser Ausspruch war Teil einer Lehre, die wir in Bethanien in der Nähe von Marthas Haus erhielten, als wir in einer Ecke am Feuer saßen. Sie dauerte eine ganze Nacht.

Es ging darin, wie leicht zu erraten ist, vor allem um den Begriff des 'Karma' ... der den Zeitgenossen des Meisters keineswegs fremd war. Die Idee der Reinkarnation fand damals ja durchaus Anklang.

Man sieht nun ganz deutlich, dass die Vorstellung des Karmas aus dem Matthäus zugeschriebenen Text vollständig verschwunden ist. Damit noch nicht genug - sie wird auf gefährliche Weise ersetzt von der Vorstellung um Schuld und Sühne.

Diese Zeilen sagen uns nicht: "Richtet nicht, weil es mit dem Licht nicht vereinbar ist ...", sondern: "Richtet nicht, damit ihr nicht bestraft werdet." Eine solche Mahnung aber hat eine völlig andere Bedeutung.

Unterschwellig heißt das ja: "Es geht nicht um das Licht, nicht um seinetwillen sollt ihr nicht richten, sondern in eurem eigenen Interesse, nämlich damit ihr nicht bestraft werdet."

Wo bleibt da die Liebe? Das darf man sich wohl fragen. Wenn man diesen Punkt ein wenig weiterdenkt, ist man nicht weit entfernt von Pascals berühmtem Fragment über die Wette!

Dort haben Egoismus und persönliches Interesse ganz klar die Oberhand über die Liebe gewonnen, aber auch über jegliche Einsicht in das Gesetz des Lebensgleichgewichtes.

Grob gesprochen sagt der Matthäus zugeschriebene Text also Folgendes aus: "Macht das, sonst werdet ihr bestraft."

Ich kann euch jedoch versichern, dass Christus ein solches sonst völlig fremd war.

Er lehrte *wahrhaftig*, das heißt Er sprach die Intelligenz seiner Zuhörer an und wirkte zugleich auf ihre 'Herzensintelligenz'. Er hatte es nicht nötig, sie durch Androhung von Strafen zu verunsichern.

Wenn es einmal vorkam, dass Er sagte: "Tut nicht dies, sondern jenes", so erklärte Er uns auch immer den Grund für seinen Rat. Er versuchte uns also die kosmischen Gesetzmäßigkeiten verständlich zu machen und uns zu zeigen, wie der Mensch mit ihnen in natürlichem Einklang stand.

Und wer richtet denn eigentlich? Wer steht denn hinter diesem 'So sollt ihr gerichtet werden', des Matthäus-Evangeliums? Wenn Gott damit gemeint sein soll, ist es doch recht dreist, Ihn nur so indirekt zu benennen. Falls jedoch Menschen gemeint sind, so ist damit zwangsläufig das Ursache-Wirkungsprinzip des Karmagesetzes aufgerufen.

Bekanntlich fällt eine böse Tat ja nicht zwangsläufig wie ein Bumerang bereits im gegenwärtigen Leben auf einen zurück.

Das Problem ist, dass kaum jemand, der diese Stelle liest, in aller Schärfe und Klarheit die Frage aufwirft, wer hier eigentlich gemeint ist.

Wenn eine Religion sich ihrer Lebenskraft beraubt, indem sie ihren innersten Wissensschatz im Kern unterschlägt, wenn sie ganz offenkundig anstrebt, die Menschen, die an sie glauben, auf einem möglichst niedrigen Reflexionsniveau zu halten, nur um besser regieren zu können - ist es da so verwunderlich, wenn ihr früher oder später die Luft ausgeht?

Weder die Gegenwart des Meisters Jesus ist heute im Abendland im Schwinden begriffen noch das christliche Bewusstsein. Es ist das eingeschränkte Repertoire an Bildern, in die es seit zweitausend Jahren gefasst wurde, Bilder, die unmündige Wesen aus uns gemacht haben.

Eine Vision von der Reinheit der Seele

Ich habe den Begriff der Reinheit der Seele bereits erwähnt. In den Augen Christi ist sie die grundlegende Bedingung jedes wahren geistigen Aufstiegs. Auch in diesem Punkt erregte Er Aufsehen, denn damit schürte Er die Streitlust der Sadduzäer. Ich erinnere mich noch genau. Es war am Vorabend des Sabbat und der Meister hatte, wie es seine Gewohnheit war, einen kleinen Vorfall, der sich im Laden eines geldgierigen Getreidehändlers aus Kapernaum abgespielt hatte, zum Anlass genommen, uns etwas zu lehren.

Es waren auch einige Sadduzäer zugegen, die sich mit ihren spöttischen Kommentaren nicht zurückhielten.

“Und, was ist denn nun deiner Meinung nach die Reinheit der Seele, Rabbi? Wir kennen diesen Mann recht gut und du kennst ihn auch ...

Kannst du leugnen, dass er alle Pflichten, die uns unser Glauben auferlegt, erfüllt? Was willst du also von ihm? Er verehrt und würdigt den Ewigen nach den Geboten Moses. So lass ihn doch arbeiten, wie er will ... Er ist ein Gerechter!”

“Die Reinheit der Seele?”, rief da der Meister, “wollt ihr wirklich wissen, was Reinheit der Seele im Herzen meines Vaters bedeutet?

Ihr sollt wissen, dass sie nicht darin zum Ausdruck kommt, dass man Gesetze respektiert, selbst wenn sie von Moses stammen. Gesetze schränken einen ein, sie lehren die Seele nichts, führen sie nicht zurück zu ihrer wahren Natur. Sie sagen einem ‘du musst’, damit man buckelt und sich den Rücken krumm macht. Nur allzu selten geht es darum, sich aufzurichten und zu wachsen.

Nun hört mir gut zu ... Eine Seele, die wachsen will, kümmert sich wenig um Gesetze, sie sucht vielmehr nach dem einen Gesetz, das ihrem inneren Himmel von Anbeginn als Sonnenspur eingebrannt ist. Dieses Gesetz aber heißt Liebe, es heißt Mitgefühl ... und es heißt Aufrichtigkeit.

Ich sage euch, eine Seele, die so vor den Allmächtigen tritt, schert sich nicht um Gebote, Moralvorschriften und den schönen Schein. So wird sie rein ... Nicht, weil sie sich anmaßen kann, in den Augen der Menschen als rein zu gelten, sondern weil sie vor dem Auge meines Vaters rein ist.

Eine reine Seele kalkuliert nicht, sie gibt, ohne aufzurechnen. Eine reine Seele ist frei von Windungen und Winkelzügen, sie ist offen, voller Klarheit und Transparenz.

Eine Seele, die rein ist, wartet nicht auf die Stunde des Gebets. Sie ist ein immerwährendes Gebet, das einem die Hand reicht. Sie besteht ganz und gar aus gebenden Händen, die ihrerseits das Licht empfangen.”

Ich sehe die Gruppe von Sadduzäern noch vor mir. Sie runzelten die Stirn und gingen ein wenig auf Abstand, als wollten sie den Meister von oben herab betrachten.

"Und wie ist dieses Licht, Rabbi? Wie soll man sich das vorstellen? Mit was lässt es sich vergleichen? Du scheinst dich ja bei deinem Vater bestens auszukennen."

"Es lässt sich mit nichts vergleichen ... Es *ist*."

Was dann geschah, ist nicht in Worte zu fassen. Ich kann es heute nur als einen Schwebezustand beschreiben, in dem die Zeit aufgehoben schien. Die Sadduzäer verschwanden in einer Art goldener Blase aus Stille. Noch eine ganze Weile später waren sie sprachlos. Als sie, ihrer Argumente beraubt, in der Gasse kehrt machten, sagte der Meister nur noch: "Versteht ihr? Ihr hattet Es, Es war irgendwo in Euch, aber ihr wusstet es nicht ..."

Tief bewegt werde ich stets an die Bewusstseinszustände zurückdenken, die Er zuweilen bei uns auslöste, und sei es auch nur für wenige Augenblicke, manchmal nur für ein paar Sekunden.

Auch an jenem Tage versetzte Er seine Widersacher in einen solchen Zustand. Er ermöglichte ihnen, eine kristalline, solare Klarheit zu erleben, die ihnen bis dahin unbekannt war.

Auch mir fällt es sehr schwer, über diese Momente der Gnade zu sprechen, weil die Wahrnehmungen, die dabei auftraten, unserer Zeit noch fremd sind.

Sicher ist nur, dass sich all das ohne die geringste Vorwarnung ereignete.

Die Szene 'blieb stehen', wie bei einem Standbild und ließ alles andere in den Hintergrund treten, sowohl die 'Kulisse' als auch den Ton ... Es gab nur noch Licht und Glück ... Glück und Licht. Es war die unaussprechlichste Erfahrung des Göttlichen, die sich anders nicht wiedergeben lässt. Es war eine Kommunion mit jenem Zustand, der ganz offenkundig *unser* natürlicher, ursprünglicher

Zustand, *unser* wahres Erbe ist. Daran konnte es gar keinen Zweifel geben.

Jeshua, der Christus, wurde immer wieder gefragt, wie Er solche Momente in uns auslösen könne. Er sagte dann immer, es habe nichts mit Magie oder Hypnose zu tun. Er würde lediglich einen Lichtstrahl aus seinem Herzen auf uns übertragen. Und dieser Strahl habe keine andere Funktion, als in unserem eigenen Herzen die Erinnerung an die ursprüngliche Vollendung unseres Bewusstseins anzuregen.

Und dann fuhr Er in schelmischem Ton fort: "Ihr erinnert euch nicht mehr, ihr könnt euch einfach nicht mehr erinnern."

Auch ich habe nach und nach verstanden, dass man solche Zustände der Gnade nur erreicht, wenn in unserer Seele eine Türe geöffnet ist ... und damit sie offen steht, muss man sich die Mühe gemacht haben, sie einen Spalt breit aufzumachen.

"Und wie lässt sie sich öffnen?", fragte ich einmal ...

"Durch den Willen, mit Willenskraft."

"Nicht durch Liebe?"

"Liebe ohne Willen gleicht einer Blume ohne Duft. Es fehlt ihr etwas ... und zwar ihr Seelenlicht!"

"Und wie kann man den Willen entwickeln?"

"Immer wieder mutig sein, nicht lasch und lau werden - wichtig ist aber auch die Haltung, die man den Prüfungen des Lebens gegenüber einnimmt."

"Prüfungen - das ist doch vor allem Leiden ... muss man wirklich unbedingt leiden?"

"Wie lange und intensiv jemand leidet, hängt von der Kraft seines Seelenlichtes ab."

"Das Seelenlicht? Wir drehen uns im Kreis, Rabbi!"

"Genau deshalb hat der Ewige mich zu euch geschickt ... um den Teufelskreis der Angst zu durchbrechen, der die Willenskraft erstickt und bewirkt, dass wir uns nach dem Vergessen sehnen."

"Brauchen wir also einen Meister, der die Mauer der Finsternis durchdringt?"

"Wir gehen von einem Meister zum nächsten, immer und immer wieder, weißt du. Wir überwinden unzählige Schutzwälle. Aber Er, der eine und endgültige Meister, spricht durch alles, was die Reinheit der Seele wieder auferstehen lässt. Das darf man nie aus den Augen verlieren ..."

Der Bewusstseinszustand

Das Außergewöhnliche am Zusammensein mit Christus war der Bewusstseinszustand, in den Er einen versetzte, ohne dass es einem überhaupt bewusst wurde. Das war vor allem so, wenn man in unmittelbarer Nähe mit Ihm zusammenleben durfte.

Leute mit verdrehtem Denken werden vielleicht sagen, dass Er uns in eine Art Dämmerzustand versetzte, um uns in seine Illusion hineinzuziehen und uns damit unsere Selbstbestimmtheit raubte ... Doch als jemand, der das wirklich miterlebt hat, kann ich sagen, dass genau das Gegenteil der Fall war.

Sein Seelenlicht - seine Aura - hatte zwar durchaus etwas Einhüllendes. Das schläferte uns jedoch keineswegs ein. Es half uns vielmehr, uns zu einem höheren Bewusstsein zu erheben und zwar sowohl uns selbst als auch der Welt gegenüber.

Ganz unabhängig von seinen Worten befreite schon das Strahlen, das von Ihm ausging, unser Bewusstsein aus seiner Beschränkung und damit aus der Gebundenheit an den Körper. Diese Wirkung trat ganz unmittelbar ein. Ein Blick oder eine leichte Berührung seines Gewandes genügten, ... um das Beste in uns zu Tage zu fördern.

Dann vergaßen wir die Last der Angst und all die materiellen Unwägbarkeiten, die kurz zuvor noch wie Nebelschleier auf uns gelastet hatten.

Etwas gewagt könnte man sagen, 'Er ließ uns eine Oktave überspringen'. An diesem Vergleich ist zweifellos etwas dran. Er verwendete häufig Begriffe aus der Musik - wie 'Melodie' oder 'Klangfarbe' -, um zu erklären, was in uns vorging, wenn wir ein höheres Bewusstseinsniveau erlangten und unsere Einsicht in das, was wir in Wahrheit sind, sich erweiterte.

Wir wussten freilich noch nicht, was Schwingungen sind, dafür fehlte uns das technische Verständnis, doch der Sache nach, war es uns durchaus zugänglich.

Dass ein Körper oder eine Seele schwingen und klingen kann, wie die Saiten einer Lyra war uns klar. Wir sahen ja, dass eine Saite im Ruhezustand deutlich sichtbar war, während sie sich der 'normalen Sichtbarkeit' entzog, sobald sie von einem Musiker in Schwingung versetzt wurde.

Diesen Vergleich zog der Meister oft heran. Er zögerte auch nicht zu sagen, Er sei der vom Ewigen gesandte Musiker, der uns lehren solle, das Außergewöhnliche wieder wahrzunehmen und schließlich selbst wieder dazu zu werden.

Die Lyra, das seien wir, fügte Er hinzu, jeder einzelne Mensch. Seine Rolle aber bestünde darin, die Saiten unserer Seele in Schwingung zu versetzen, damit sie auf unseren Körper wirken können ... oder umgekehrt, je nachdem.

Er sagte, seine Aufgabe sei es, diese Saiten erst einmal zu stimmen, um dann - nach Maßgabe unserer Fähigkeit uns weiterzuentwickeln - die entsprechende Melodie darauf zu spielen. Das bereite ihm großes Vergnügen ... So bekomme jeder den ihm zugemessenen Teil, weil dic Fähigkeit, den *Druck des Geistes* aufzunehmen, unterschiedlich ausgeprägt sei.

“Es ist manchmal schmerzhaft, wenn die Seite schwingt”, lehrte Er uns ... “Vergesst aber nicht, dass eine Saite, die man nicht bewegt, spröde wird ...”

Im allerkleinsten Kreis führte er diese Erklärung weiter aus und verglich die Saiten mit den Chakren ...

Manchmal forderte Er uns sogar dazu auf, in einen Laut, den Er ausstieß, einzudringen. Auf diese Weise lehrte Er uns die Harmonien wahrzunehmen, die Ihm zufolge den verschiedenen Ausdrucksformen der Chakren entsprechen.

“Sobald ihr über das übliche Wachbewusstsein hinauswachst und in einen höheren Bewusstseinszustand eintretet, wird eine Saite eurer Seele oder eures Lichtkörpers angeschlagen. Sie wird von der Erinnerung an die Quelle in euch in Schwingung versetzt ... Nicht ich habe sie erschaffen ... Auch wenn ich mich als Musiker des Ewigen bezeichne, bin ich doch nur ein Handlanger des wahren Musikers, meines Vaters und damit vergänglich ...

Ich rege etwas an, bringe es in Bewegung ... Ich schüttle den Staub von den alten, fast vergessenen Saiten und lasse die Melodien, als die ihr ursprünglich komponiert seid, wieder erklingen.

Jeder von euch ist ein Gesang, ebenso wie ich selbst einer bin. Ich suche die falschen Noten und mache sie heil ... Das ist meine Mission. Mir ist nicht gegeben, eine großartige, neue Hymne zu schaffen. Meine Aufgabe besteht nur darin, die Abweichungen auszumerzen, die durch das Gesetz der Freiheit in die ursprüngliche himmlische Melodie geraten sind. Ich reinige also etwas, meine Freunde ...

Ihr könnt gar nicht ermessen, wie sanft und stürmisch mein Lebenshauch jeden Einzelnen von euch berührt!”

Manchmal untersuchte Er, wie eine Musiknote eine ganz bestimmte Pforte zu einem speziellen Bewusstseinszustand aufschließen kann.

Er wollte uns nahe bringen, dass solche 'Noten' nicht nur von Gesang und gesprochenem Wort herrühren, sondern auch von den Bewegungen unseres Körpers.

"Alles ist Klang", machte Er uns klar, "auch die Art, wie ihr euch bewegt.

Was das Ohr nicht hört, wird doch von der Seele aufgenommen ...

Und so gibt es Menschen, die sich 'musikalisch' bewegen und andere, deren bloße Anwesenheit schon Krach macht.

Entscheidend ist allein, welche Höhe das Bewusstsein auf seinem Weg zur Reinheit des Herzens erreicht hat. Nur sie kann eine harmonische Melodie hervorrufen und diesen Menschen zum Botschafter des Namenlosen machen.

Es gibt jedoch auch Menschen, die das Melodische reizt und ärgert. Ihre Seelensaiten sind spröde und ausgeleiert ... Vor allem um ihretwillen bin ich hier, wegen des Getöses, das sie veranstalten."

Jedes inkarnierte Wesen hat eine bestimmte Schwingung, die dem Grad seiner Erwecktheit entspricht und am kollektiven Bewusstsein teilhat. So sagte Er. Dieses allgemeine Bewusstseinsniveau, im Sinne einer sensiblen Empfänglichkeit, ermöglicht es, die höheren Welten anzurufen, gleichsam Appelle an sie zu richten.

"Wenn die Menschheit nicht nach der höheren Welt ruft, so weil ihr Bedürfnis zu wachsen noch nicht hinreichend ausgeprägt ist. Sie hat dann noch nicht ganz verstanden, dass sie auf dem besten Wege ist, zu ersticken.

Ich bin gekommen, weil die Menschen mich gerufen haben, weil eine klaffende Kluft in ihrem Bewusstsein aufgegangen ist und der Ewige darauf reagiert hat.

Klopfet an, so wird euch aufgetan. Bittet, so wird euch gegeben ... nicht unbedingt, was ihr euch wünscht, doch dafür, was ihr braucht."

Der rechte Zeitpunkt

"Nicht unbedingt was ihr euch wünscht, doch dafür, was ihr braucht ..."

Dieser Hinweis auf den rechten Augenblick, also auf die Notwendigkeit einer Reifung, die man weder beschleunigen noch umgehen kann, stand immer wieder im Zentrum der Lehre des Meisters. Geduld war in seinen Augen eine hohe Tugend, eine Art Keimzelle, ohne die Wachstum unmöglich ist.

Man könnte meinen, diese Geduld stehe im Widerspruch zu Furchtlosigkeit und Wagemut, die für sein Wort und sein Leben auf dem Weg durch Palästina so prägend waren.

Es ist jedoch nur ein scheinbarer Widerspruch. Geduld bedeutete für Christus weder lasch zu sein noch einen schwachen Willen zu haben ... Ganz im Gegenteil. Er sah darin eine Weisheit, welche die Rhythmen des Lebens achtet ... um im rechten Augenblick mutig und entschlossen zu handeln.

Er zog die Katzen als Beispiel heran, die stundenlang in aller Stille auszuharren vermögen, um dann zu einem zielsicheren, überraschenden Sprung anzusetzen.

Er lehrte uns, dass das menschliche Bewusstsein auf seinem Wege zur höheren Erkenntnis stets sprunghaft weiterkommt, zwischen den einzelnen Sprüngen aber lange warten muss. Es ist wie beim Keim eines Samenkorns, der seine Hülle sprengt, um sich auf der Suche nach Licht ins Leere zu stürzen. Geduld bedeutete auf dem Weg, den Er uns wies, also nicht etwa Untätigkeit. Sie glich eher einer unterirdischen Arbeit, der Schwäche völlig fremd war.

"Wenn ihr es weise, vernünftig und gut findet, dass ein Kind genau zu dem Zeitpunkt auf die Welt kommt, an dem es im Bauch seiner Mutter ausgereift ist, warum könnt ihr es dann nicht auch akzeptieren, dass die Seele ihren rechten Zeitpunkt braucht, um sich zu erkennen und als sie selbst geboren zu werden. Ich bin zu euch gekommen, weil ihr reif dafür wart ... und ihr erkennt mich, weil ihr beginnt, geboren zu werden. Wer sich Mensch nennt, bevor er das Wesen seiner Seele und seines Geistes erkannt hat, ist einfach verrückt!

Doch ihr müsst wissen, dass ihr heute noch nicht in der Lage seid, den Sinn meiner Worte voll und ganz zu durchdringen und ihren Wahrheitsgehalt einzusehen. Es müssen erst noch viele Generationen auf dieser Erde leben und sich in Dunkelheit und Irrtum verlieren, bevor mein Geist hell und klar zu Tage treten kann.

Ich sage euch, wie jeder Samen, der in die Erde gesetzt wird, muss meine Lehre unter euch zunächst verfaulen und sich zersetzen, damit der darin enthaltene Keim sich mit seiner Erinnerung an das Licht, das er enthält, am hellen Tage zur Menschheit aufschwingen kann."

Ich muss zugeben, dass wohl niemand von uns die Prophezeiung verstand - oder verstehen wollte - die in diesen Worten lag. Jeshuas Wort hatte eine so große Wirkung auf uns, dass wir uns unmöglich vorstellen konnten, dass es sich mit der Zeit zersetzte oder herabgewürdigt werden könnte. Wir wussten nämlich nicht, dass auch die größten Wesen dem universellen Gesetz der Lebenszyklen unterworfen sind und Tod und Wiedergeburt durchmachen müssen.

Und so war es unvermeidlich, dass die Lehre des Meisters von Kirchen aller möglichen Richtungen - also von Menschen - verstümmelt und getrübt werden würde. Wie ein Samen, der in die feuchte, dunkle Erde gepflanzt wird, musste sie gleichsam sterben.

Genau wie bei Pflanzen hat ein Übermaß an Licht einen Rückzug ins Innere zur Folge. Bei uns Menschen aber geschieht diese Abschottung nur aus Angst.

Diese Wahrheit kommt im Gleichnis zum Ausdruck, in dem die Perlen vor die Säue geworfen werden. Es bedeutet ja nicht, dass die Menschheit vor zweitausend Jahren unwürdig war, Christus zu empfangen. Sie erwies sich lediglich als unfähig, seinen Einfluss zu ermessen und aufrechtzuerhalten.

Von seinem Licht geblendet, doch von der eigenen Kleinlichkeit gebannt, konnte sie nur zu Schanden machen, was ihr geschenkt worden war.

Und nun? Ist es vorstellbar, dass wir heute dennoch fähig sind, die ursprüngliche Reinheit der Christlichen Lehre wiederzuentdecken?

Ich glaube nicht, denn die Kruste des Samens, der vor zweitausend Jahren in die menschliche 'Erde' versenkt wurde, ist zwar aufgeplatzt, aber noch nicht völlig in den Zustand der Verwesung übergegangen. Wir klammern uns noch immer an alte Glaubenssätze. Es ist ein Schutzreflex, angesichts eines riesigen unbekannten Raumes: der Unendlichkeit unseres Geistes. Müssen wir erst wieder kollektiv untergehen, wie es in der Vergangenheit schon mehrmals passiert ist? Die Antwort hängt ganz von uns ab ...

Der Aufstieg des menschlichen Wesens

Der Christus Jeshua gebrauchte häufig die Wendung 'in zweimal Tausend Jahren.'

Ich weiß noch, dass manche von uns darin eher ein Symbol der Unendlichkeit als eine präzise Zeitangabe sahen. Als wir Ihn danach fragten, gab der Meister uns eines Tages im Morgengrauen die Antwort. Es saßen höchstens zwanzig von uns irgendwo an den Ufern des Sees Genezareth.

"Zweimal Tausend Jahre", sagte Er, "das ist morgen früh, das ist in dieser Welt nur ein Tag. Werdet ihr älter sein, wenn ihr erwacht? Ihr könnt von heute an selbst darüber entscheiden!

Es hängt ganz davon ab, wie ihr eure Nacht gestaltet, womit ihr sie bevölkert, also auf welche Weise ihr Leben um Leben wiederkommen möchtet oder, wenn man so will, wie kraftvoll und rein ihr eure Träume gestalten könnt ... um schließlich den wahren Traum des Lebens zu schaffen.

Ich möchte euch noch einmal ganz deutlich sagen, dass ich nicht gekommen bin, um euch zu retten. Eure Seelen werden auch in zwei-, drei- oder fünfmal Tausend Jahren nicht urplötzlich dazu bereit sein, sich endgültig zu befreien und zum Haus meines Vaters aufzuschwingen! Es gibt keinen festen Zeitpunkt dafür ...

Es wird nie ein Erzengel oder Elohim aus den göttlichen Heerscharen herabsteigen und eure Flügel ausbreiten wie man Cäsar einen Lorbeerkranz aufgesetzt hat!

Ihr werdet nie etwas anderes sein, als das, wofür ihr euch entschieden habt. Und so hängt es allein von euch ab, eure Seele zu erheben. Ihr seid ganz alleine dafür verantwortlich ... jetzt gleich oder in hundertmal Tausend Jahren.

Ich aber zeige nur die günstigsten Momente dafür auf. In zweimal Tausend Jahren wird mein Geist wiederkehren, doch nicht um euch eine ultimative Himmelsleiter aus Licht zu reichen, sondern um euch eine andere Leiter erahnen zu lassen, eine Leiter, bei der ihr auf keiner Sprosse betrügen könnt, wenn ihr sie emporsteigt ..."

"Wann betrügen wir denn, Rabbi?", warf Levi ein.

"Jedes Mal, wenn ihr glaubt, dass ihr meine Lieblinge seid oder mein Vater euch erwählt hat. Immer, wenn ihr euch ganz oben auf der Leiter seht und meint, man müsse sich von dieser Welt abwenden, um zu wachsen. Immer dann, wenn ihr vergesst, dass diese Welt euch gegeben ist, um zu verwesen und zu wachsen, zu wachsen und zu verwesen ... und wenn ihr sie weiterhin verachtet. Mein Reich ist gewiss nicht von dieser Welt, doch es fußt auf ihrer Schönheit.

In Wahrheit führt euer Aufstieg über den Abstieg in euer eigenes Inneres!

Sucht also zweimal Tausend Jahre lang euren Grund und eure Wurzeln auf ... Wenn es euch gelingt, jung zu bleiben, werdet ihr darin auch erkennen, wozu eure Äste da sind und welche Früchte, ihr tragen sollt."

Diese wenigen, recht allgemeinen Hinweise waren nur der Anfang vieler, weitaus genauerer Informationen, die der Meister uns im Laufe der Zeit zu dem gab, was wir heute, unter dem Einfluss einer gewissen amerikanischen Mode, 'Aufstieg' nennen.

So sehr dieser für Ihn eine ganz konkrete Wirklichkeit darstellte – er war ja das Ziel, das es zu erreichen galt – so wenig sah Er ihn so, wie es uns heute oft präsentiert wird.

Die Öffnung des Bewusstseins als Voraussetzung des menschlichen Aufstiegs – also der Verwandlung seines gesamten Wesens, des Körpers und der Seele und dem Übergang in ein Universum, wo Leben ganz anderen, 'luftigeren' Gesetzen folgt - war dem Meister zufolge nur erreichbar, wenn man intensiv an sich arbeitete und zugleich vollkommen losließ.

Auf keinen Fall wird diese Wirklichkeit auf wunderbare Weise schlagartig hereinbrechen, etwa weil eine Kraft außerhalb von uns den Zauberstab schwingt.

Mit unserem gesunden Menschenverstand konnten wir uns etwas anderes ohnehin nicht vorstellen - etwa dass ein Schwarm von Elohim zu uns kommen würde. Und das, obwohl wir fest an ihre Existenz glaubten.

Im Zusammenleben mit Christus war es für uns zur Selbstverständlichkeit geworden, dass der rechte Weg des Aufstiegs beinhaltet, sich von althergebrachten Gewissheiten, Prägungen und Zwängen aller Art zu befreien, in der Hoffnung, vom Geist erfüllt zu werden, der zur Verwandlung des Körpers und der Seele führt.

Was nicht leer ist, lässt sich nicht füllen. Wer den Abstieg nicht erlebt hat, kann auch nicht aufsteigen.

Darum widmete der Meister sich Tag für Tag der Aufgabe, uns von unseren falschen Sicherheiten zu befreien. Er ließ nicht locker, bis die 'Parasiten' unserer Seele, wie man es heute nennen würde, unsere innere Wahrnehmung nicht mehr trübten. Seine stete Sorge war es, die 'feinstofflichen Energiekanäle' der Ihm nahestehenden Menschen zu reinigen. Man nennt diese 'Kanäle des Lebens' Nadis. Er verglich sie gerne mit Bächen, in denen sich Algen und Moos ablagern, sodass das Wasser darin nur noch sickert. Algen und Moos - das sind natürlich unsere Ängste und Sorgen. Würden wir unser Herz und unseren Geist nicht reinigen, wären die Nadis zunehmend verschmutzt und damit jede Hoffnung auf Befreiung zunichtegemacht ... und damit erst recht die Hoffnung auf Aufstieg.

Befreiung und Aufstieg

Die Lehre des Meisters unterschied scharf zwischen der Befreiung und dem Aufstieg eines Menschen. Befreiung bedeutete für Ihn, der karmischen Umklammerung zu entgehen. Er beschrieb sie als einen Zustand der Leichtigkeit, den die Seele erreicht, wenn es ihr gelungen ist, die Bande des Gesetzes der Reinkarnation, die auf ihr lasten, abzuschütteln.

Das war nur eine Etappe, doch die entscheidende. Aus seiner Sicht mussten wir sie unbedingt durchlaufen haben, bevor wir überhaupt an einen Aufstieg denken konnten. Aufzusteigen, das hieß für ihn, die Gesetze der Zeit, des Raumes und der verschiedenen Schwingungszustände vollkommen zu beherrschen.

Daher war es für Ihn zweitrangig mit uns darüber zu sprechen, solange wir nicht wenigstens ansatzweise zu einer gewissen Lebensdisziplin fähig waren, die uns half, uns zu befreien.

Und dafür mussten wir lernen, uns davon freizumachen, was wir zu sein glaubten, obgleich es nichts weiter war, als ein Haufen von Illusionen.

“Wenn du aufhörst, dich mit deinem Gewand zu identifizieren”, gab Er eines Tages einem von uns zur Antwort, “dann können wir über deinen Aufstieg sprechen. Was würdest du von einem Menschen halten, der schon ernten will, wenn er gerade erst die Saat auf seinem Feld ausgebracht hat?”

Im Grunde wollte der Meister vor allem unsere Selbstgefälligkeit und Überheblichkeit eindämmen. Das sind ja für jeden, der behauptet an einem ‘spirituellen Weg interessiert zu sein’, die entscheidenden Fallen. Das Sammeln von Informationen vergrößert diese Falle nur weiter. Je mehr Details man über die Welten der Seele und des Geistes anhäuft, desto größer wird das

Gefühl der eigenen Überlegenheit und Weisheit ... In Grunde wird dadurch jedoch nur unsere nimmersatte 'Neigung zur Bibliothek' befriedigt.

Christus erinnerte uns immer wieder daran, dass das Sammeln von 'Fakten' dem Erwerb wahren Wissens oft entgegensteht. Als Beispiel nannte Er die Haltung von Schriftgelehrten und Menschen, die die Schriften auslegten ohne sich auch nur - um es mit Seinen Worten zu sagen - den geringsten Tropfen Mitleid abzuringen.

Ich möchte noch einmal auf den Begriff der Befreiung zurückkommen. In kleinen Gruppen brachte uns der Meister Jeshua Methoden bei, die einen leichter in einen solchen Bewusstseinszustand versetzen. Zwei davon finden sich im Anhang am Ende dieses Buches.

Er verwies jedoch immer wieder darauf, dass ihre Wirkung auf den Körper und seine Übergänge zur Seele kein Allheilmittel war, um sich von der Last des Karmas zu befreien.

Diese Arbeitsmethoden waren aus seiner Sicht lediglich eine Art Dünger. Und so warnte Er uns davor, sie als Patentrezept aufzufassen.

Ich erinnere mich an Abende, an denen Er uns im vertrauten Gespräch von seiner langen Reise in den Himalaya erzählte, die siebzehn Jahre gedauert hatte. Er beschrieb oft die Yogis und Sadhus, die Er besucht hatte. Sie verharrten Ewigkeiten in derselben Position und rezitierten dabei die ewiggleichen Mantras und Gebete. Aus seiner Sicht hatten sie zwar das Bewusstsein und den Körper erforscht, Meister oder Weise waren sie für Ihn jedoch nicht.

"Sicherlich reinigen sie ihr Wesen von Moos und Algen ...", erläuterte Er, "doch dafür lagern sich andere an ihnen an. Sie werden empfänglich für spirituellen Stolz und Ihr Herz trocknet dabei aus. So wird ihre geistige Suche ganz allmählich zur Selbstinszenierung."

Judas wagte schließlich die Frage zu stellen, die uns allen schon sehr lange auf den Lippen brannte.

"Und du, Rabbi, ist deine Seele über Raum und Zeit erhaben? Hat sie die völlige Einheit mit ihrem Geist erfahren?"

Der Meister schwieg lange. Dann murmelte Er mit jenem unendlich sanften und wehmütigen Lächeln, das wir so gut an Ihm kannten:

"Wenn ich ja sage, Judas, wird man mich für eitel halten ... und wenn ich nein sage, wird man mich fragen: In wessen Namen sprichst du dann?

Der Gerechte wandelt zwischen Sonnenstrahlen und Gewitterblitzen, weißt du ... Wieso sollte Er etwas Endgültiges über sich selbst sagen, wenn doch seine Taten für Ihn sprechen. Und so sage ich dir nur das eine, es soll dir genügen: *Ich bin.*"

Diese Worte sind wie folgt zu verstehen: Aus dem Munde Christi bedeutete Sein nichts anderes als einen Aufstieg. Alle Zustände, die dieser Wirklichkeit vorausgingen, waren für Ihn nichts als Illusionen, also Zwischenzustände, in denen sich das Bewusstsein auf der Suche nach seinem wahren Ursprung selbst Welten erschuf - alle möglichen Identitäten und Formen.

In modernen Begriffen hätte Er bestimmt von 'Hologramm' und 'virtuellen Welten' gesprochen.

Mit den Denkweisen, die uns damals zur Verfügung standen, versuchte Er uns eine grundlegende Entdeckung der Quantenphysik verständlich zu machen: Unsere Selbstwahrnehmung und die Wahrnehmung der Außenwelt und des Universums sind strikt abhängig von der Beziehung, die unser Bewusstsein zu ihnen hat.

Grob vereinfacht heißt das, unsere Dichte ist abhängig davon, wie sehr wir uns für eine 'dichte Masse' halten.

Wir könnten auf irgendeinem anderen Planeten oder in einer anderen Galaxie ebenso gut vollkommen anwesend sein, wie hier, wo wir unserem Gefühl zufolge in dieser Sekunde gerade sind ... Unser Bewusstsein erfindet sich selbst und schlägt dort Wurzeln, wo es zu sein glaubt, obwohl es von Natur aus allgegenwärtig ist.

Diesen Zustand der Omnipräsenz meinte der Meister, wenn Er auf das Phänomen des Aufstiegs, also die geistige Erhebung zu sprechen kam. Er beschrieb sie als Zustand der Bewusstwerdung, in dem 'Einheit' die einzig greifbare Wirklichkeit ist.

Allerdings achtete Er stets darauf, uns nach den extremsten metaphysischen Höhenflügen wieder mit unseren unmittelbaren Wurzeln zu verbinden. Er sagte klar und deutlich, dass wir uns gar nicht mit einem 'Aufstieg' beschäftigen sollen, solange es uns noch so schwerfällt, uns von alltäglichen Hindernissen zu befreien. In diesem Sinne war der gesunde Menschenverstand eine der ersten Anforderungen, die Er an uns stellte.

"Sprecht über das, was ihr gerade vor Augen habt und was ihr kennt ... Was auf der anderen Seite des Berges liegt, damit könnt ihr euch beschäftigen, wenn ihr seinen Gipfel erklommen habt. Ein Teil eures Gartens liegt schon allzu lange brach, und zum Dach eures Hauses regnet es herein. Bringt das erst einmal in Ordnung, dann sehen wir weiter."

Die Wunder

Manchmal bedrängten wir den Meister Jeshua mit Fragen. So kamen wir schließlich auch auf seine Wunder zu sprechen ... wie und warum Er sie ausführte und was sie ihrem Wesen nach waren. Das schien Ihn oft zu amüsieren ...

Seine Wunder fanden durchaus nicht alle in einer steifen, religiösen oder meditativen Atmosphäre statt. Oft ging alles sehr schnell und geschah in freudiger Stimmung, etwa wie bei einem Musiker, der an jeder Ecke aus Überschwang eine kurze Melodie improvisiert.

Das heißt freilich nicht, dass Christus, sobald Er Armen und Kranken begegnete am laufenden Band Wunder vollbrachte. Allerdings tat Er viel mehr Wunder, als wir es aus den Evangelien kennen und sie liefen durchaus nicht alle todernst ab. Es gab Hunderte davon - vor allem Heilungen - so viele, dass sie zu einer Art Sauerstoff für uns wurden, den wir bald zu atmen gewohnt waren. Das hatte eine elektrisierende Wirkung auf uns und versetzte uns in Begeisterung.

Glücklicherweise wurde es für unseren kleinen Kreis engster Vertrauter nie zu etwas Banalem, ständig vom 'Wunderbaren' umgeben zu sein. Wir erlebten die Wunder als Ergänzung und ganz natürliche Folge der Lehren, die uns zuteilwurden. Sie waren gleichsam unvermeidlich. Seine Lehre und die Wunder gingen in einer dynamischen Bewegung gegenseitig auseinander hervor. Das entsprach unserem Gefühl, in einem anderen Schwingungszustand zu leben, wie ich ihn oben beschrieben habe.

Die Freude, mit welcher der Meister Wunder vollbrachte, machte für uns zwei Wahrheiten unmittelbar spürbar. Zum einen, dass der Schritt, der uns zum Geist führt, dem Leben entsprechen muss und damit auch dem Glück.

Zum anderen, dass der göttliche Schöpfungsakt vor allem ein Spiel ist. Sich diesem Spiel zu nähern, entspricht also der Suche nach einer Vereinigung mit dem Göttlichen.

Die Leichtigkeit des Herzens und der Seele mit der Er manche Heilungen durchführte, war für viele Mitglieder des Klerus im damaligen Palästina höchst befremdlich. Aus ihrer Sicht konnte sich der Allerhöchste nur im feierlichen Rahmen einer Zeremonie offenbaren.

Ich weiß noch, dass Jeshua immer wieder Betrug vorgeworfen wurde, weil seine Handlungen so schlicht waren. Kein Weihrauch, keine langen Gebete und Kasteiungen, wie die meisten Wundertäter oder Magier der Wüste sie forderten. Der Meister kam, blies auf die Wunde, trug etwas Speichel auf oder legte seine Hand auf. Manchmal sprach Er nur ein einziges Wort ... Währenddessen lächelte oder lachte Er sogar. Dann ging Er seiner Wege und alle fragten sich, ob sie nur geträumt hatten ...

Das Wunder wurde jedoch von den Anwesenden stets als Wirklichkeit aufgefasst. Das war sehr bemerkenswert. Keiner konnte leugnen, dass Gott in jedem Augenblick anwesend war und eingegriffen hatte. Es war eine Tatsache. Niemand wäre auf die Idee gekommen, das infrage zu stellen.

Die Krankheit, an der wir heute, rund zweitausend Jahre später, leiden, basiert nicht darauf, uns dem Zweifel überlassen zu haben, denn etwas infrage zu stellen ist unvermeidlich und im Grunde konstruktiv. Das Problem besteht darin, dass unablässiges Zweifeln uns in eine systematische Negativität und Verleugnung getrieben hat.

Sobald heute irgendjemand in der Lage ist, Wunder zu vollbringen, legt man alles darauf an - nicht etwa zu verstehen, was da vor sich geht -, sondern zu beweisen, dass es sich um Heuchelei handelt, wovon man schon von Haus aus überzeugt ist.

Das ist jedoch nichts weiter als eine Projektion ... Ein verarmtes Bewusstsein kann vom Leben nur eine armselige Vorstellung haben.

Wer sich angewöhnt hat, seinen Blick von der tieferen Wahrheit des Lebendigen abzuwenden, und sich über seine ursprüngliche Wirklichkeit hinwegtäuscht, projiziert die Vorstellung der Täuschung auf seine Umwelt. Und so trägt er dazu bei, die Welt kleiner zu machen.

Ich wundere mich schon seit Jahrzehnten über das wenig ehrenvolle Vergnügen, das eine ganze Reihe von Menschen daran findet, systematisch alles zu zerstören, was die Grenzen des Bewusstseins und des Lebens verschiebt und erweitert, kurz gesagt alles, was zur Hoffnung auf eine lichtvolle Unendlichkeit Anlass gibt. Diese Menschen sind selbst unfähig zu geistiger Erhebung und sehen unbewusst kein anderes Heilmittel für die Krankheit ihres Herzens, als anderen die Flügel zu stutzen. Sie machen den Elan all jener zunichte, die hinter der Eingeschlossenheit in die irdische Welt noch etwas anderes erahnen und ziehen ihn ins Lächerliche.

Woraus schöpfte Christus, wenn Er Wunder vollbrachte? Das fragten wir Ihn natürlich auch ... Es gab ja zwei Arten von Wundern: Heilungen und Naturwunder.

Die Erweckung von Toten - wie bei Lazarus - ist etwas anderes. Darauf werde ich noch zurückkommen.

Die Heilungen sind freilich besonders faszinierend. Wenn man die Entdeckungen der letzten Jahrzehnte berücksichtigt, konfrontieren sie uns unmittelbar mit den Gesetzmäßigkeiten der Genetik und der Vorstellung der Welt als Hologramm.

In ganz einfachen Worten, mithilfe überaus sprechender Vergleiche versuchte der Meister uns klarzumachen, dass im Innersten unseres Herzens ein vollkommenes Abbild unseres Körpers existiert - und überhaupt all dessen, was wir sind. Dieses Abbild, das wir heute als zelluläres Gedächtnis bezeichnen würden, ist Ihm zufolge unveränderlich. Wenn Er nun mit einem Lahmen, Kranken oder anderweitig Behinderten zu tun hatte, den er heilen wollte, stimulierte ein von Ihm ausgehender Bewusstseinsstrahl den jeweiligen Bereich dieses Abbildes und gab so einen Impuls zur Regeneration des entsprechenden Körperteils. *Modern ausgedrückt griff Er bei dem Kranken in eine umfassende 'Datenbank' ein, die jedes Wesen in sich trägt wie eine Urzelle, die sich an einer ganz bestimmten Stelle seines Herzens befindet*[27]. Dieser Punkt enthält Ihm zufolge - wiederum in heutiger Begrifflichkeit - die komplette 'Programmierung' dieses Menschen.

Wenn ein Organ schwach oder beschädigt war, suchte Er im dazugehörigen Bereich nach seiner ursprünglichen Vollkommenheit - also gleichsam nach der Information der perfekten Form - und übertrug sie auf das erkrankte körperliche Organ.

Um uns schon einmal eine Vorstellung von Hologramm und Fraktal zu vermitteln, forderte Er uns manchmal auf, uns auf den Boden zu legen, ganz dicht an Moos und Flechten oder von Wind und Wasser zergerbten Felsen. Dann bat Er uns, sie so lange und intensiv zu betrachten, bis wir darin ganz eigene Welten erkennen konnten. So wurde ein ausgewaschenes Stück Felsen zu einem ganzen Gebirge, mit Grotten, Rissen und schroffen Gipfeln.

Auf einfache und naive Weise wurde uns damit zugänglich, dass in jedem von uns so etwas wie ein winziges 'zweites Ich' steckt. Dies ist so unveränderlich, so haltbar wie Diamant. Es bildet einen unerschöpflichen Vorrat dessen, was wir für unsere Gesundheit und Heilung brauchen.

Doch der Meister Jeshua ging in dieser Richtung noch weiter. Eines Tages sagte Er ausdrücklich, dass Er zwei Strahlen aus sich heraus in die gleiche Richtung sendet, um diese Gedächtniszone

---

27) Vgl. "Mysterium Gott", S. 84-91, vom selben Autor, Silberschnur Verlag.

im Herzen des Kranken zu stimulieren. Der erste kommt aus seinem eigenen Herzen, der zweite aus einer Schicht seines Wesens, die jenseits des achten Chakras liegt. Er vertraute uns an, dass die Wirklichkeit dieser Schicht jener Bewusstseinsebene entspricht, auf der der Mensch wirklich zum Menschen wird.

Seine Aura nimmt dann die Form einer Schale an. Lässt sich in dieser Aussage wiederum ein Symbol des bekannten Grals sehen? Geht es also um die volle Entfaltung eines Chakras in einem unserer feinstofflichen Körper, die noch ganz am Anfang ihrer Entwicklung stehen, sich also gleichsam im Embryonalzustand befinden? Meiner Meinung nach ja ...

Abschließend möchte ich erwähnen, dass es für eine Heilung nicht ausreichte, den Meister darum zu bitten und zutiefst daran zu glauben, dass sie eintreten wird. Jeshua lehrte uns, dass niemand von einer Krankheit geheilt werden solle, bevor die Lehre, die sie ihm erteilen will, nicht ihre volle Wirkung auf die unterschiedlichen Schichten des Körpers ausgeübt hat.

Er erzählte uns vom Gesetz von Ursache und Wirkung, also vom Karmagesetz und stellte es als Dreh- und Angelpunkt, als tragenden Mechanismus unseres Universums dar. Dank der Hinweise wurde uns bald klar, dass es nicht wünschenswert war, den Ablauf bestimmter Ereignisse aufzuhalten, bevor sie nicht von selbst zu Ende gingen.

Der Meister sah im Karmagesetz, das eine Krankheit oder Behinderung mit sich bringt, kein verheerendes, unabwendbares Schicksal. Es gehört vielmehr zum Weg des jeweiligen Menschen und ist in bestimmten Momenten einfach notwendig. Im Wesentlichen sagte Er, dass es Zeiten in unserem Leben oder unserer Entwicklung gibt, in denen wir diese Form von Erziehung brauchen ... auch wenn wir genau darunter leiden, ja sogar manchmal das

Gefühl haben, daran zu zerbrechen. Wenn sein Vater Ihm also die Macht gegeben hatte, jeden zu heilen, so bewirkte doch seine Weisheit - nämlich die Wahrnehmung, *wo der andere gerade stand* -, dass Er diese Fähigkeit nicht bedenkenlos einsetzte.

In heutigen Begriffen würde ich es so ausdrücken: Sein inneres Auge scannte kurz die Geschichte des Kranken, der sich Ihm vorgestellt hatte. Dann wusste Er, ob es richtig war, einzugreifen oder nicht.

Simon-Petrus reagierte einmal verständnislos darauf und meinte, Er könne doch das leidvolle Karma jedes Menschen aufnehmen und verwandeln. Da gab der Meister ihm zur Antwort, dass man einem Menschen seine Last nur in einem ganz bestimmten Moment abnehmen darf. Echtes Mitgefühl, fügte Er hinzu, muss in Betracht ziehen, was die Seele des anderen gerade braucht.

“Wenn du jemandem eine Last abnimmst, die dazu dient seine Muskeln auszubilden, wird er schwach bleiben. Lieben bedeutet nicht, sich von den Emotionen eines Augenblicks forttragen zu lassen, weißt du. Wirklich zu lieben heißt, in der Seele des anderen zwischen den Zeilen zu lesen, ohne den Versuch zu unternehmen, sie im eigenen Stil umzuschreiben. Wenn ich dich schon beim ersten Stottern heile, Simon, wirst du niemals versuchen, der Angst, die noch immer in dir ist, ins Gesicht zu sehen ... sie wird dann auf andere Weise in deinem Leben wieder hervorbrechen ... vielleicht sogar schmerzvoller.”

Kommen wir nun zur zweiten Art der Wunder Christi. Man nennt sie Naturwunder. Sie bestehen darin, dass Er Dinge sich materialisieren ließ, die zuvor nicht da waren. Das Bekannteste ist die wunderbare Brotvermehrung.

Dazu erklärte Er uns, dass es von allem, was in der materiellen Welt physisch vorhanden und lebendig ist, in der ätherischen

Welt eine Matrix - oder wenn man so will - einen Archetyp der entsprechenden Form und Substanz gibt, der damit verbunden ist. Und so hat ein Wesen, dessen Einfluss auf die Dinge sich in einem fortgeschrittenen Stadium befindet, die Fähigkeit, die Information dieser Form und Substanz in der Welt der Matrix aufzusuchen und sie auf unsere Schwingungsfrequenz zu bringen. Das lässt sich beliebig oft wiederholen.

Auf die Gefahr hin, etwas frevlerisch zu klingen, möchte ich hier noch einmal einen Vergleich aus der Informatik heranziehen:

Der Meister ist also in Besitz der Software, die es Ihm erlaubt, eine bestimmte Datei zu öffnen, sie beliebig oft zu vervielfältigen und per Internet an beliebig viele Orte zu verschicken.

Die Frage ist dann nur noch, ob die Empfänger das Dokument 'ausdrucken' können, also in der Lage sind, es seiner Essenz nach aufzunehmen und gewinnbringend auf ihr Leben anzuwenden.

Der Christus Jeshua beschrieb das Universum der feinstofflichen Matrix als einen unerschöpflichen Speicher, etwa wie eine Kornkammer, in der ständig neue 'Keime der Materie' im Entstehen begriffen sind.

Ihm zufolge bestand die einzige Schwierigkeit darin, diese 'Körner' zu holen und sie in der Schleuse zwischen dem Herzchakra und dem dritten Chakra, das leicht unterhalb von ihm in der Region des Nabels liegt, zu verdichten.

Er fügte hinzu, dass es für Ihn als Mensch unverzichtbar war, das *Ding*, das Er materialisieren wollte, zumindest einmal gesehen zu haben, weil Er in seinem Geist das vollkommene Abbild davon entstehen lassen musste, also Form, Farbe, Geruch und substantielle Beschaffenheit.

Es versteht sich von selbst, dass Christus, während Er das innerlich ausführte, ständig in innigster Verbindung mit dem Göttlichen stand.

"Durch die Verschmelzung meines Wesens mit dem Reich meines Vaters wird es kinderleicht. Da mein Bewusstsein keine Spur angespannt ist und ich nicht den leisesten Zweifel habe, kann ich es so schnell und voller Freude ausführen.

Ich bin hier bei euch, zugleich aber bin ich im Herzen der Sonne, aus der ständig die Keime des Lebens hervorsprudeln.

Die Gewissheit der Ewigkeit und der Einheit von allem lässt mich zur Brücke werden ...

Versucht aber nicht, es mir gleichzutun. Seid einfach ihr selbst, dann werdet ihr sein, was ich bin ..."

Die Möglichkeit, dass sich jeder von uns zum Wunderbaren erheben konnte, kehrte in den Worten des Meisters häufig wieder. Es war Ihm sehr wichtig, dass nicht nur wir, seine Jünger, sondern alle Menschen spüren und wissen sollten, dass sie sich auf demselben Weg geistiger Erhebung befanden, wie Er selbst.

Im Sinne seiner Lehre bestand kein Zweifel daran, dass im Grunde jeder das 'Wunder' erreichen konnte ... weil der Mensch sich seinem tiefsten Wesen nach nicht von Ihm unterschied.

Blicken wir nun nach Kana, wo jene berühmte Hochzeit gefeiert wurde, die angeblich zum Schauplatz des ersten Wunders Christi geworden ist. Ich sage ganz bewusst, 'angeblich', denn in Wahrheit hatte der Meister schon davor zahlreiche Wunder vollbracht. Ich kann nicht genau sagen, was in Kana geschah, weil ich, wie viele andere, die später zu den engsten Jüngern Jeshuas gehörten, nicht dabei war.

Ich möchte mir dennoch erlauben, mich zu diesem Wunder des Meisters zu äußern und zwar aufgrund des Kontextes in den es eingebettet war. Darin zeigt sich nämlich sowohl der Einfluss, den die weibliche Energie auf Ihn hatte, als auch seine völlige Freiheit in Bezug auf das, was Er von seiner Mission schon wusste.

Erinnern wir uns an die entsprechenden Textstellen ... Als Christus dazu gedrängt wird, etwas dagegen zu tun, dass der Wein knapp wird, ist es ausdrücklich Maria, seine Mutter, die Ihn dazu bewegt zu handeln, während Er es zunächst ablehnt, einzugreifen, da seine Zeit noch nicht gekommen sei ...

Indem Er auf den Wunsch einer Frau einging, wollte der Meister zeigen, dass Frauen in seinem Leben und für das, was Er uns als sein Werk hinterlassen wollte, keineswegs zweitrangig waren. Nun ließe sich freilich einwenden, dass Er einfach seine Mutter zufriedenstellen wollte ... Ein solcher Einwand verkennt jedoch, wie eminent patriarchalisch die Gesellschaft damals geprägt war, vor allem in einem Milieu, in dem die Rolle des Rabbis - als religiöse Autorität - die des Sohnes noch bei Weitem übertraf.

Außerdem kann ich bezeugen, dass der Meister seine Mutter fast nie privilegierte, darauf habe ich ja schon mehrfach hingewiesen.[28] Im Übrigen ist leicht zu erraten, dass sie als Mutter die Fähigkeiten ihres Sohnes ganz genau kannte, also wusste, *Was* in Ihm lebte.

Jeshuas positive Reaktion, die Tatsache, dass Er auf den Vorschlag einging, zeigt, dass Er sich vorbehielt, über den Ihm eingezeichneten 'Handlungsplan' - wenn man es so nennen möchte - hinauszugehen.

Diese Freiheit des Herzens innerhalb eines Szenarios, in dem jeder Schritt Ausdruck einer ganz bestimmten göttlichen Absicht ist, zeichnet einen Avatar aus.

Er hat in der Tat das Privileg, frei improvisieren zu dürfen ... Ein Avatar führt nicht nur einen bestimmten heiligen Plan aus, Er spielt darin mit. Wohl wissend, dass Improvisation selbst zur Lehre wird, bringt Er die Farbnuance seiner eigenen Seele mit ein.

---

28) Vgl. S. 85 ff.

Die Freiheit des Meisters

Ich erinnere mich noch gut an das Gespräch, das wir - ein paar Menschen, die dem Meister nahe standen, und ich - am Meeresufer nicht weit von Joppe führten.

Einige behaupteten, Er wisse schon lange im Voraus, wohin Er gehen wolle und wann Er es tun wolle. Andere hingegen waren der Meinung, dass Er seine Wege und Handlungen meist Tag für Tag aufs Neue entscheide, manchmal sogar von einer Stunde auf die andere. Ich für meinen Teil wusste nicht, auf welche Seite ich mich schlagen sollte ...

Zweitausend Jahre später erscheint es mir bemerkenswert, dass beide Positionen insofern richtig waren, als Christus einerseits einer vorab festgelegten heiligen Lebensbahn folgte, zugleich aber Gefallen daran fand, gewisse 'Verzierungen' einzubauen, so wie ein virtuoser Musiker, der eine große, klassische Partitur spielt, ihr seine eigene Interpretation hinzufügt.

Wir können also festhalten, dass es nichts gibt, was starr und unbeweglich ist, endgültig festgelegt im Sinne einer unabwendbaren Vorsehung.

Dazu fällt mir ein, dass einer von uns Jeshua einmal zu fragen wagte, ob Er es für möglich halte, seine Mission nicht zu erfüllen, den Erwartungen des Allerhöchsten also nicht in allen Punkten zu entsprechen.

Diese freche Frage schien Ihn sehr zu amüsieren. Seine erste Reaktion war zu sagen, die geistige Freiheit, die in ihr stecke, würde genau der Freiheit entsprechen, die Er sich seinem erahnten Schicksal gegenüber herausnehmen konnte. Unabhängigkeit musste für Ihn so weit gehen, dass man zur Rebellion fähig war. Er sah sie als Triebkraft von Wachstum und Erneuerung.

"Wenn ihr euer Leben lang nur nachmacht, was die Alten euch vorgelebt haben, dann lebt ihr nicht, sondern ihr vegetiert ... Wenn ihr nicht wenigstens ein bisschen an der Schöpfung mitarbeitet und ihr euren eigenen Duft hinzufügt, verpasst ihr die Rolle, die ihr eigentlich in dieser Welt spielen sollt."

"Aber worin besteht diese Rolle denn genau, Rabbi? Abgesehen davon, dir zu folgen und dein Wort zu verbreiten, wissen wir nicht so recht, was wir tun sollen ..."

"Eure Rolle? Sie besteht darin, euch mit jedem Schritt, den ihr tut, weiterzuentwickeln, immer vollkommener zu werden und damit zugleich die Welt zu verbessern und sie dem Reich meines Vaters näherzubringen.

Die Vergangenheit gleicht den Wurzeln eines Baumes. Sie nährt euch, ihr könnt sie nicht hinter euch lassen. Ihr braucht ihren Saft, um Äste zu bilden und Früchte zu tragen ... Nun hört mir aber genau zu: Euer Bewusstsein geht weit über das eines Baumes hinaus. Er kann immer nur die gleichen Früchte hervorbringen. Eurem Bewusstsein aber steht es frei, Dinge zu erfinden. Es hat die Freiheit alles zu erschaffen, sein Glück oder sein Unglück, sein ganz eigenes Universum ... Und so kann es sich auch selbst neu erfinden, indem es freiwillig am Werk des Ewigen teilhat.

Mein Vater spricht zu Euch, gerade indem Er euch alle Freiheiten gibt, sogar die, Ihm zu widersprechen. Er sagt: *'Ihr geht den Weg meines Herzens, indem ihr euch selbst wiedererschafft und eure ursprüngliche Würde wiederfindet. So werdet ihr darin bleiben.'*

Und wenn ich euch nun an diese Freiheit erinnere, sage ich euch: *'Wagt das Universum, das insgeheim in euch lebt, zu erträumen, es aus euch herauszusetzen und eine Welt daraus zu machen, denn im Grunde ist gerade euer eigener Blick schöpferisch. Im Bewusstsein des Ewigen wird eure Sicht auf die Dinge zu schaffenden Händen ...'*

Abschließend kam der Meister dann noch einmal auf die Frage, die Ihm ursprünglich gestellt worden war zurück.

“Ja, ich kann es dir sagen, es steht mir frei, von meiner Mission abzuweichen. Sonst wäre ich nur der Sklave meines Vaters. Es steht jedem, der auf die Welt kommt, frei, dem Licht, das ihn belebt, den Rücken zu kehren, sei er im Grunde seines Herzens ein Riese oder Zwerg. Er kann es unter den Scheffel stellen, kann es aus Angst oder Stolz von sich weisen ... vielleicht auch einfach, weil er vergessen hat, was Es wirklich ist! Bis zu meinem letzten Atemzug wir nichts von dem, was mir aufgetragen ist, vollendet sein.”

“Und was ist dir aufgetragen?”, wagte Johannes zu fragen.

“Euch die Türe etwas weiter zu öffnen und euch zu lehren, euch Freiheit zu wünschen.”

“Also das, was du unsere Befreiung nennst.”

“Und das, was ich eure schöpferische Fähigkeit nenne, die Fähigkeit, euch an euch selbst zu erinnern.”

Und dann versetzte der Meister uns richtig in Begeisterung. Zugleich brachte Er uns mit einer einfachen, aber sehr sprechenden Geste etwas bei.

Etwa zwanzig von uns hatten sich bei Miriam in Magdala versammelt. Die Nacht senkte sich herab. Wir hatten im Hof ein kleines Holzfeuer entfacht, wie wir es immer machten, wenn es kühler wurde. Jeshua streckte seine Hand nach den Flammen aus, glitt sanft mit der Handfläche über sie hinweg, zog sie dann zurück und streckte sie uns weit geöffnet entgegen. In seiner hohlen Hand tanzte eine Flamme, ganz eigenständig und lebendig, ohne Ihn im Geringsten zu verbrennen.

Wir zuckten zusammen, doch der Meister fuhr unerschütterlich fort.

“Ich sage euch, ihr seid wie diese Flamme ... Ihr kommt aus dem großen Herd, der im Herzen des Unendlichen brennt. Ihr habt euch davon abgelöst, um das Spiel der Freiheit zu spielen. Schaut einmal ... genau wie sie tragt ihr die Essenz eures Ursprungs in euch ... sanfte Wärme und Licht! Doch genau wie sie, verlangt ihr nach Liebe, um euch daran zu erinnern und selbst zur Glut zu entbrennen."

Indem Er diese Worte sprach, blies Christus leicht auf das Flämmchen. Es schwoll plötzlich mächtig an, erhob sich über unsere Köpfe und verschwand hoch oben in den Lüften.

"Sie ist noch immer da, meine Freunde ... sie hat sich nur an ihre Herkunft erinnert und ist ganz von selbst zum großen Urfeuer aufgestiegen, das uns ständig umgibt und am Leben erhält, auch wenn wir sein Knistern nicht hören und uns keine Gedanken darüber machen. Ja ... ihr sollt wissen, dass in allen Dingen und allen Wesen unablässig ein Feuer brennt. Eure Bestimmung ist, es in dieser Welt wieder zum Leuchten zu bringen. Ob ihr euch daran wärmt oder verbrennt - das steht euch frei."

Ein Pakt mit dem Schatten?

Der Meister verwendete den Begriff 'Freiheit' recht häufig. Auf dem Hintergrund der damaligen Mentalität, die doch sehr fatalistisch war, wie man es auch heute noch in Ländern wie Indien antrifft, waren seine Reden höchst revolutionär.

Schließlich wurde man in eine bestimmte Gesellschaftsschicht hineingeboren, ohne die Hoffnung zu haben, jemals herauszukommen ... Das Göttliche aber schien dem menschlichen Wesen rein äußerlich zu sein. Es war einfach unerreichbar. Man war ihm also völlig ausgeliefert. Daher wirkte es durchaus häretisch, zu behaupten, jeder Mensch trage das Göttliche im Herzen, würde am

Ende mit ihm verschmelzen und habe die Freiheit, ihm Ausdruck zu verleihen.

Allerdings muss man wissen, dass der Meister in kleineren Gesprächskreisen eine andere Form von Freiheit zur Sprache brachte, die von seinen Zuhörern ein höheres Abstraktionsvermögen verlangte.

Seiner Lehre zufolge standen Freiheit und Karma in keinem Widerspruch zueinander - wie es ja noch immer häufig gesehen wird.

Für Christus war eine Freiheit, die ihren Namen wirklich verdient - die wahre, völlige Freiheit - eine Gabe, die man erst im Universum des höheren Bewusstseins erlangt. Sie kann innerhalb der inkarnierten Persönlichkeit eines Individuums, das in einem bestimmten Umfeld lebt und die Last seiner früheren Leben trägt, nicht voll zum Ausdruck kommen.

Wenn Er mit uns über Freiheit sprach, dann in diesem 'höheren Sinne'. Er wollte uns ermutigen, zu unseren eigenen Gipfeln aufzusteigen. So würde jedes Hindernis, das uns in den Weg gelegt war und uns in unserer alltäglichen Handlungsfreiheit einschränkte, uns dazu bringen, im Bereich des höheren Bewusstseins nach seiner Ursache und seinem Heilmittel zu suchen.

In Jeshuas Augen war man erst dann völlig frei, wenn man die notwendigen Lehren des Karmagesetzes hinter sich gelassen hatte. Diese Freiheit entsprach dann in gewisser Weise der Göttlichkeit selbst. Die Last, welche die Inkarnation der Seele auferlegt - wie sie im Einzelnen auch immer aussehen mag - bewirkt, so führte Christus seine Gedanken fort, dass absolute Freiheit auf Erden unmöglich ist. Man kann sich ihr nur annähern, sie allenfalls erahnen ... Der Grund dafür ist der 'Pakt', den jede Geburt auf Erden mit der Materie eingeht.

Ich werde nie vergessen, wie der Meister uns einen echten Schock versetzte, als Er verkündete, dass auch Er selbst indirekt einen solchen Pakt mit dem Schatten hatte eingehen müssen, um auf Erden einen menschlichen Körper annehmen zu können.

Auf eine solche Äußerung waren wir natürlich in keiner Weise gefasst. Noch heute mag sie vielen Christen haarsträubend erscheinen. Wie sollte man sich das vorstellen? Wie könnte ein Wesen von den Ausmaßen Christi mit dem Schatten im Bunde stehen?

Als Antwort auf unsere drängenden Fragen erinnerte der Meister uns erst einmal daran, dass Er ausdrücklich 'Schatten' und nicht 'Finsternis' gesagt hatte.

Vollständige Dunkelheit existierte in seiner Vorstellung des Universums nicht - und diese war ja aus der unmittelbaren Nähe zu seinem Vater hervorgegangen. Genau wie das absolute Licht, ist Dunkelheit nur ein Symbol, weil im Universum - also im Göttlichen - nichts Starres und Eindeutiges existiert.

Es dehnt sich ständig aus und erfindet sich neu. So gibt es darin bis in seine Gegensätze hinein nichts, was ein für alle Mal festgelegt ist.

Ausgehend von dieser Einsicht lehrte Christus uns, dass wir immer nur ein relatives Licht wahrnehmen können, aber auch nur eine relative Dunkelheit, die man Schatten nennt. Was ist ein Schatten denn anderes, als eine Wirkung des Lichts, mit anderen Worten, ein abgeschwächtes Licht. Wodurch aber wird es abgeschwächt?

Indem das Ich die Trennung vom Ganzen akzeptiert, welche ihm die Erfahrung der Freiheit erst ermöglicht.

Nach dem, was der Meister uns im kleinen Kreis anvertraute, war der Schatten also nichts Unheilvolles. Er stand dem Göttlichen nicht entgegen. Der Meister sah ihn eher als Teil der planvollen, systematischen Ausbreitung des Lichts. In diesem Sinne war er ein Werkzeug des Wachstums, eine Art Widersacher, den der Namenlose geschaffen hatte, damit alle Lebensformen sich an ihm reiben können und Kontur bekommen.

“Es ist der Schatten - und sei er noch so klein - der euren Hunger nach Licht größer werden lässt.”

“Aber wo ist der Ewige? Wer ist er?”, fragten wir alle zugleich. Da antwortete Christus, dass man Ihn gerade als jenes Licht beschreiben könne, das keinen Schatten wirft, die unergründliche Quelle, aus der alles entspringt, wir selbst, Licht und Schatten oder auch Gott und Satan.

“Und was meinst du, wenn du von deinem Vater sprichst?”

“Das, was wir von Gott wahrnehmen können, jenes Licht, das wir noch nicht anders als über den Schatten bestimmen können ... Die unermessliche Kraft der Liebe, die zugleich auf jene ‘Andere’ verweist, die allem, was außerhalb von ihr ist, völlig unverständlich bleiben muss ...”

Diese Äußerung verschlug uns erst einmal die Sprache. Wir wussten auf einmal nicht mehr, wie wir miteinander umgehen sollten und was uns zur Öffnung unserer Herzen bewegen könnte. Wir wurden von Schwindel erfasst. Was wir mit unserem inkarnierten Bewusstsein nicht begreifen konnten, weil es ‘zu groß’ für uns war, drohte zu einem Abgrund zu werden, der uns verschlang.

“Wir sehen aber keinen Schatten in dir, Rabbi ...“, widersprachen einige, die besonders erschüttert waren. “Deine Worte und Taten sind wie Flüsse, die vom Himmel fließen ... Alle sagen und denken das, deren Herz rein genug ist, um dich zu verstehen ...”

“Was wisst ihr schon vom Himmel? In meines Vaters Haus sind so viele Wohnungen und sie sind so kristallklar, dass ihr sie euch nicht einmal vorstellen könnt! Wenn es nicht auch Schatten in mir gäbe, könntet ihr mich in Wahrheit weder sehen noch berühren.

Der menschliche Körper, der mir verliehen ist und der euch so vertraut ist, besteht auch nur aus Fleisch und Blut, aus Eingeweiden und Knochen. Er muss Nahrung aufnehmen und Giftstoffe ausscheiden, genau wie euer Körper auch. Er schwitzt, genau wie ihr und empfindet die schmerzliche Last der Schwerkraft. Ich habe ihn jedoch angenommen, weil ich ihn brauche. Er ist mein Verbündeter, mit dessen Hilfe ich euch den Weg weisen will.

Darum bin ich mit der Materie, die eine Manifestation des Schattens ist, einen Pakt eingegangen, seht ihr. Sie wird niemals mein Feind sein. Ich nenne sie lediglich meinen Widersacher. Sie hat eine Anziehungskraft, die mich zu ihrem Diener machen will. Aber mein Geist ist auf entschlossene Weise ihr Meister. Der Seelenbund, den ich mit ihr eingegangen bin, ist keine Unterwerfung. Ich werde sie jedoch stets respektieren, denn das Wesen dieser Welt gleicht einer Schmiede, die aus dem Herzen des Ewigen hervorgegangen ist. Ihr sollt wissen und verstehen, dass ich dem Eisen, das in ihr geschmiedet wird, Gold hinzufügen will ..."

Das wahre Gesicht des Satans

Eines Tages wurde der Meister, als Er vom Fischen am See heimkehrte, von ein paar Pharisäern angegangen, die auf dem Vorplatz der Synagoge von Kapernaum versammelt waren.

Hier hatte Er zwei Tage zuvor eine jener Teufelsaustreibungen vorgenommen, die in den Evangelien erwähnt werden. Einer der Pharisäer fragte ihn recht spöttisch und herausfordernd nach seiner Auffassung vom Teufel, mit dem Er doch angeblich so leicht in Kontakt treten konnte. Anders als jener Mann dachte, war dies eine Situation und auch eine Frage, die Jeshua keineswegs missfiel. Er setzte sich alsbald auf die paar Stufen, die zum Gebäude hinaufführten und lud die Pharisäer ein, es Ihm gleichzutun. Mit betont hochmütigem Lächeln auf den Lippen kamen sie dieser Aufforderung schließlich widerstrebend nach.

Ich befand mich mit ein paar Fischern nicht weit entfernt und trat noch näher heran, um besser zu hören, was gesagt wurde. Das Gespräch versprach gehaltvoll und spannend zu werden, denn der Meister hatte den ihm zugespielten Ball im Flug aufgefangen und die Frage zurückgegeben.

"Satan?", meinte der Pharisäer fassungslos. "Das weiß doch jeder, wer das ist. Uns kannst du nicht hinters Licht führen, Rabbi."

"Meinst du wirklich? Wenn du mich so danach fragst, weißt du es vielleicht selbst nicht? ... oder vielleicht glaubst du, die einzig richtige Antwort bereits zu kennen."

Daraufhin entwickelte der Meister eine ausführliche Lehre über den Schatten, also über den Widersacher.[29]

Zunächst einmal machte Er uns klar, dass alles, was Er sagen würde, nur eine Annäherung an das Thema war. Es sollte keine Definition sein. Damit griff Er einen Gedanken auf, der Ihm sehr wichtig war, nämlich dass sowohl in unserer als auch in anderen Welten alles in Bewegung ist. Nichts ist endgültig festgelegt. Aus seiner Sicht konnten es nur Unwissende wagen, feststehende Formulierungen auszusprechen. Das Leben selbst erfand sich ständig neu. Im Zentrum des Universums vervielfältigte es sich im Bewusstsein des Namenlosen unablässig.

Als Nächstes erklärte Er gleich vorab, dass Satan kein Wesen ist, sondern eine Kraft, die zu unserer Art von Universum dazugehörte wie etwa der Wind. Satan hat also weder ein Bewusstsein noch einen individuellen Willen ... Als Sohn des Freiheitsprinzips ist er gleichsam unvermeidlich, also eine zwingende Folge des

29) Etymologisch bedeutet Satan - oder auch Shatan - in der Tat Widersacher.

Aufstandes. Erst wir Menschen machen ihm zum Feind Gottes. In Wahrheit ist er lediglich sein Werkzeug. Das Bewusstsein für die Liebe, aber auch der Grad an Sehnsucht nach ihr, hing in den Augen des Meisters in unserer Welt davon ab, wie viel Mangel an Liebe man erfahren hatte.

Die Kraft der Vereinigung wird also eigentlich erst auf dem Hintergrund der Qualen der Trennung und Zerstreuung geschätzt.

Kurz gesagt, Er versuchte uns klarzumachen, dass die verbindende, liebende Kraft des 'Einen' ohne das trennende Prinzip Satans nicht voll wahrgenommen werden kann.

Christus verwirrte seine Zuhörer noch weiter, indem Er sagte, der Namenlose habe bei der Erschaffung der Welt zugleich auch die trennende Kraft der Auflösung aus seinem Busen hervorquellen lassen ... Diese sei jedoch nichts anderes als eine Illusion, die dazu diene, die Erkenntnis zu wecken.

Warum? Weil das gesamte Universum seinem Bewusstsein und seinem Körper niemals äußerlich ist. Beide aber dehnen sich immer weiter aus.

"Willst du etwa behaupten, dass in gewisser Weise auch Satan dem Ewigen angehört?", knurrte ein Pharisäer.

"Ich sage, dass er wie ein Wind ist, den der Ewige erschaffen hat, um uns weiterzubringen, ein Wind, dem Er erlaubt, durch die Welten zu wirbeln ... Ich sage aber auch, dass jede Lebensform, die ein eigenes Selbstbewusstsein besitzt, diesem Wind Nahrung geben kann - oder eben nicht. Ich sage, dass die Kraft, die wir Satan nennen, nur deshalb so viel Macht hat, weil wir sie jedes Mal weiter fördern, wenn wir unsere Freiheit ins Spiel bringen und auflösend anstatt verbindend wirken. Und ich sage, dass ihr alle - die Menschen dieser Welt - zugleich zu seinen Eltern und Kindern werdet, wenn ihr euch von ihm füttern lasst. Bei jedem Schritt in Richtung Zwietracht, gebt ihr seinen Taten Nahrung ...

Aus einem Funken Aufstand habt ihr ein großes Feuer entfacht und nun macht ihr daraus einen Flächenbrand.

Ich sage euch, ihr heizt den Wind, in dem Satan Gestalt gewinnt, aus eigener Energie kräftig an ... bis ihr euch daraus selbst zusammengezimmert habt!"

Der Widersacher ist ursprünglich einzig aus dem Prinzip der Freiheit hervorgegangen. Inzwischen aber ist er, von eurer Kleinlichkeit stetig genährt, zu einer Frucht eures Mangels an Liebe geworden.

Nun gleicht er einem riesigen Gefäß voll Gift, das ihr immer weiter füllt, wenn ihr ein niederes Verhalten an den Tag legt. Wenn eure Taten oder euer Geist von Stolz, Wut oder Angst erfüllt sind, taucht ihr wieder den Kelch hinein und schneidet euch damit vom Ganzen weiter ab. Und so sage ich euch, solange ihr dem Gefühl der völligen Verschmelzung mit meinem Vater und ... *eurem* Vater im Unendlichen Widerstand entgegenbringt, ist Satan ein Teil von euch ..."

Diese Worte verursachten bei den Zuhörern, die sich auf dem Vorplatz der Synagoge drängten, einen Aufschrei der Empörung. Die Stimmung unter den Pharisäern war so aufgeheizt, dass sie bald untereinander in Streit gerieten. Daran erinnere ich mich noch gut. Jeshua nutzte die Gelegenheit, um sich in aller Ruhe in Richtung Küste zu entfernen. Als wir uns ein wenig später an diesem Tage zu Ihm gesellten, war Er gerade dabei, mit Johannes ein paar Oliven zu essen und ihm zu erklären, dass es keineswegs besagte, dass Satan ein individuelles Wesen besaß, wenn manchen Menschen zuweilen diabolische Erscheinungen vor Augen standen, die alle ähnlich aussahen. Er sagte, diese monströsen Formen kämen von einem Archetyp, der auf einen Egregor der Lieblosigkeit zurückzuführen sei, also wiederum auf eine von der Menschheit selbst geschaffene Trennung vom Ganzen.

Sie seien, führte Er weiter aus, manchmal von Wesen bewohnt, deren Bewusstsein vorübergehend in einer Welt gefangen ist, in welcher der Schatten die einzige lebensspendende Kraft zu sein scheint. Es sind dies Welten, in denen sich Menschen, die der Mangel an Licht krank gemacht hat, wie in einem Labyrinth verirren.

"Wenn meine Zeit gekommen ist", hörte ich Ihn sagen, während Er sich erhob, um wieder Richtung Kapernaum aufzubrechen, "wenn meine Zeit gekommen ist, werde ich zu ihnen gehen, um sie von ihrer Blindheit zu heilen. Dann werde ich ihnen den Schlüssel zu dem mentalen Gefängnis reichen, das sie dazu bringt, so schreckliche Masken zu tragen ..."[30]

Als es Abend wurde, lehrte Er uns noch, dass der sogenannte 'Belzebub', genau wie wir, eine bestimmte Gruppe von Wesen ist, die aber aus einer anderen Welt kommt. Ihre Machtgier hat dazu geführt, dass sie sich den Elohim ihres Vaters entgegenstellten[31]...

Ich glaube es war das letzte Mal, dass der Meister dieses Thema anschnitt. Er wollte nicht, dass wir uns zu sehr damit beschäftigten, weil der Schatten immer eine gewisse Faszination ausübt. Selbst wenn man ihn als Widersacher abwertet und von dem Weg, den wir uns entschieden hatten zu gehen, abgrenzt, kann der Umgang mit ihm doch dazu führen, dass man daran hängen bleibt, sogar

---

30) Dies ist vermutlich ein prophetischer Hinweis auf den berühmten "Abstieg Christi in die Unterwelt", die Christus unmittelbar nach seiner Kreuzigung vorgenommen haben soll.

31) Was Luzifer angeht, so heißt der Name etymologisch 'Träger des Lichts'. Ursprünglich hatte das Wesen mit diesem Namen nichts Düsteres an sich. Es wirkte in der Bewusstseinssphäre der Venus. Da es sich den Absichten der Sternenwesen entgegenstellte, wurde es von manchen Menschen mit dem Schatten in Verbindung gebracht. Im Volksgeist stieß diese Auffassung auf Widerhall. So wurde ein wahrhaft verhängnisvoller Egregor gebildet.

wenn man ihn nur genauer untersuchen wollte. Jeshua war unermüdlich um uns bemüht. Er wollte uns immer 'hoch fliegen' sehen - das mussten wir alle lernen - weit über dem Ozean der Menschen, damit sein trübes Gewässer uns nicht erreichen konnte.

"Ich wende mich nie an das in euch, was noch immer der Verführung erliegen kann einzuschlafen ... Niemals!"

Ein gewisser Lazarus

Im engsten Kreis um Christus gab es einige, die besonders erpicht auf Informationen aus recht heiklen Bereichen waren. Zu ihnen gehörte auch Johannes. Als uns die Lehre über Satan zuteilwurde, hatte er gerade intensiv mit persönlichen Problemen zu ringen. Er befand sich mitten in einer tiefen Identitätskrise. So versuchte er nämlich, dem Meister in jeder Hinsicht ähnlich zu werden, bombardierte Ihn aber unablässig mit Fragen, mit seinem ständigen "Wie" und "Warum".

Er hieß damals noch gar nicht Johannes. Wir kannten ihn, wie gesagt, unter dem Namen Eliazar. In den Evangelien ist das der Name Lazarus. Es erscheint mir wichtig, ihm einen besonderen Platz zuzuweisen, denn er war unter den engsten Jüngern neben Maria-Magdalena zweifellos derjenige, welcher in seinem Leben am meisten von innerem Aufruhr geplagt wurde. Er hat seiner Seele in gewisser Weise 'Flügel' verliehen, um zu den höchsten Gipfeln aufzusteigen.

Aus den Evangelien ist Lazarus natürlich bekannt, da die berühmte 'Erweckung von den Toten' angeblich an ihm vollzogen wurde. Allerdings liegt hier wieder ein Betrugsfall von Seiten der

Kirche vor. Die historischen Tatsachen sehen anders aus. Sie waren uns damals allen bekannt. Passiert ist Folgendes ...

Christus hatte in Eliazar einen Meister der Weisheit[32] erkannt, der auf demselben Weg war wie Er und daher beschlossen, ihm einen Anstoß zu geben, um die Sache zu beschleunigen, wie wir heute etwas prosaisch sagen würden.

Damit wollte Er ihm helfen, sein Bewusstsein von den Schlacken seiner inkarnierten Persönlichkeit zu befreien.

Der 'Tod des Lazarus' war in Wahrheit ein Initiationsritus, ein ganz ähnlicher Tod, wie Jeshua selbst ihn im Sarkophag der großen Pyramide durchgemacht hatte, um den Geist Christi aufnehmen zu können.[33]

Dieses Ritual, das bei vielen Völkern der Antike zur Anwendung kam, war an sich recht schlicht. Seine praktische Umsetzung war freilich weniger simpel und auch für den, der es durchmachen musste, war es natürlich nicht so leicht.

Wer von einem geistigen Führer für reif befunden wurde, die Initiation zu durchlaufen, wurde nach einer langen Askese, die seinen Körper und seinen Geist reinigen sollte, alleine in ein sorgfältig versiegeltes Grab gelegt.

Wer so lebendig begraben wurde, musste dann im Sarg eine Reihe ganz bestimmter Mantras zitieren, während er von außen von seinem Meister begleitet wurde.

Wenn alles nach Plan ablief, verließ die Seele des Initianden alsbald seinen Körper und begab sich alleine auf eine weite Reise

---

32) Die Akasha-Chronik zeigt uns, dass die Seele des Johannes unter anderem den Körper des Pharaos Echnaton, des Pythagoras und des Franz von Assisi bewohnt hat. In der Bruderschaft von Shambhala ist es die Seele des Meisters Kuthumi.

33) Vgl. "Essener Erinnerungen", S. 237 und "Mysterium Gott", S. 46 vom selben Autor, Silberschnur Verlag.

durch die Welten und Bewusstseinsebenen, aber auch durch das Labyrinth seines eigenen Gedächtnisses.

Eine solche Initiation wurde aufgrund der Erschütterung und Erweckung, die sie hervorrief, 'kleiner Tod' genannt. Wer sie durchgemacht hatte, bekam sogar einen neuen Namen.

Wenn von der Erweckung des Lazarus die Rede ist, so handelt es sich dabei um sein Heraustreten aus dem 'langen Tunnel' seines Initiationstodes, der drei Tage gedauert hatte. Der 'Tod' des Lazarus wurde mit größter Diskretion behandelt und in gewisser Weise auch sein Hervortreten aus dem Grab, nicht aber die Zeremonie, die darauf folgte: Eine ganze Nacht lang wurden vor den Toren der Wüste Judäa Psalmodien und Gebete verlesen. Viele von uns nahmen daran teil. Auf diese Nacht folgte ein kurzer, intimer Moment, in dem Lazarus vom Meister den Namen Johannes erhielt.

Diese 'Taufe' war für unseren Weggefährten Eliazar wirklich eine Auferstehung, das kann ich bezeugen. Von diesem Tag an war er völlig verwandelt ... Seine Seele war auf ganz erstaunliche Weise aufgeblüht ... Es war so intensiv, dass wir einige Zeit lang seinen Blick kaum ertragen konnten - so voll war er von einem unaussprechlichen 'Anderswo' ...

Diese Episode ist für das Handeln Christi unter uns bezeichnend. Allerdings heißt das nicht, dass Er keine Erweckungen von den Toten im eigentlichen Sinne durchführte. Der Bericht, demzufolge Er die Tochter von Jairus[34] wieder ins Leben führte, wobei die berühmten Worte Talitha Kumi - 'steh auf und wandle' - fielen, ist nur ein Beispiel unter zwei oder drei anderen, die zwar in keinem Text erwähnt werden, vor zweitausend Jahren jedoch viel von sich reden machten.

Ich möchte noch einmal auf Johannes-Eliazar zurückkommen und noch ein paar unvergessliche Stunden erwähnen, die ich,

34) Vgl. wieder "Essener Erinnerungen", S. 293-296.

einige Tage nachdem er aus dem Grab gestiegen war, mit ihm und etwa zwanzig anderen Jüngern verbrachte. Bei dieser Gelegenheit erzählte er immer wieder mit Tränen in den Augen von der Erinnerung an das, was er die 'Auseinandersetzung mit seinem persönlichen Schatten' nannte. Er meinte damit den inneren Kampf, den er mit seinen eigenen Phantomen, seinen Ängsten und - um es mit seinen Worten zu sagen - all den Dornen auszufechten hatte, mit denen sein Herz sich noch immer schützte.

"Meine Seele ist durch all das durchgegangen, bis endlich etwas in mir begann zu begreifen, dass der Kampf unnötig war, weil der Gegner, der mich so schreckte, ein unbewusster Teil meiner selbst war. Es war nur der Schatten, den die Sonne meines Geistes auf die Reihe meiner vergänglichen Persönlichkeiten warf."

So viel ich weiß, sagten wir wenig dazu. Wir konnten es einfach nicht, waren nicht in der Lage. Wir nahmen lediglich wahr, dass Johannes genau das erlebt hatte, was Christus uns unermüdlich lehrte: Den Geist vollkommen zu entspannen und das Herz zu seiner wahren Heimat zu erheben. Ein solches Höchstmaß an Wahrheit zu berühren, diese Schlichtheit zu erreichen und völlig loszulassen - genau darin lag die Herausforderung! Ich weiß, dass viele von uns, nachdem Johannes uns ins Vertrauen gezogen hatte, sich Gedanken darüber machten, wie schwer es doch war, schlicht und einfach zu sein. Das Geheimnis der Erhebung des Bewusstseins schien darin zu liegen ... dass es kein Geheimnis gab!

Das Gedächtnis, das man Seele nennt

Wie gesagt waren die wenigen Toten-Erweckungen, die Christus vornahm, für uns eine tiefe Lehre über das Wesen des Todes.

Wenn der Schritt 'über die Schwelle' uns auch als potenziell ekstatischer Moment beschrieben wurde, so schien die Welt nach dem Tode jedoch keine Heilung all unserer Leiden mit sich zu bringen. Nach Darstellung des Meisters war sie eine Art Antwort auf die Welt, die uns vertraut war, zumindest so lange unsere Seele die Bürde ihrer Ich-Organisation und Selbstzentriertheit noch nicht abgelegt hatte.

Wir begriffen also, dass es keinen Sinn hatte, vor dem Leben fliehen zu wollen, weil es uns auf der anderen Seite doch einholte. Auch bei einer neuen Geburt würde es uns wieder begleiten und so immer weiter, bis wir endlich, nachdem wir zahllose Masken getragen hatten, unsere wahre Identität finden würden.

Folgende Frage beschäftigte mich am meisten: Was von uns kommt nach der Zeit im Totenreich wieder auf die Erde? Was also wird wiedergeboren? Ist es im Wesentlichen die gesamte Seele, so wie sie in der letzten Inkarnation war, oder nur ein Funken von ihr?

Darauf gab Jeshua mir eine eindeutige Antwort: Was wieder einen Körper annimmt ist das, was Er die persönliche Seele nannte, also die Seele als individualisiertes Ego mit ihrem gesamten Gedächtnis, auch wenn uns dies zumeist verschlossen ist. Das bedeutete, dass wirklich das ganze Wesen wiedergeboren wurde ... auch wenn es meist von seiner Erscheinung her nur wenig Ähnlichkeit mit der früheren Inkarnation aufwies.

Christus zufolge war die Seele im Wesentlichen ein Gedächtnis und damit das kostbarste Werkzeug, das die Welle des Lebens geschaffen hatte, um sich weiterzuentwickeln.

Entsprechend, so lernten wir, war auch das Universum ein Gedächtnis, das in jeder Welle der Schöpfung und in jedem androgynen Geist ein neues Echo fand.

Dieses Erbe trug die Seele, wenn sie differenziert und in Geschlechter getrennt, also sexualisiert war, in sich. Ihre Mission war es, sich dem hinzugeben, um Erfahrungen zu machen und zu lernen, zugleich aber den Faden der Einheit wieder aufzugreifen, um in ihrer Identifikation mit Gott aufzublühen.

Nach Ansicht des Meisters, musste man schon deshalb jedes Leben respektieren, weil es ein Gedächtnis hatte und damit die ursprüngliche Spur des Namenlosen enthielt.

Jedes Leben war eine Erinnerungsschicht und so war jede Seele ein Buch, in dem jede einzelne Seite von Bedeutung war. Entsprechend hatte in den Augen des Unendlichen alles Leben den gleichen Wert, auch wenn manche Leben wertvoller erscheinen mögen als andere. Darauf lag der Akzent. Schon eine fehlende Seite im Lebensbuch konnte dazu führen, dass die Geschichte nicht mehr folgerichtig war und sinnlos erschien.

Von der Seele und vom Urteilen

“Ihr würdet staunen, wie viele Meister elende Existenzen durchmachen mussten, bevor sie ihre Meisterschaft erreichten ... Versucht also den Menschen, der vor euch steht, niemals zu verurteilen. Und zwar nicht, weil die Moral es euch verbietet, sondern weil ein Urteil zumeist aus Unwissenheit und Selbstgefälligkeit entspringt.

Ich sage euch, für wen haltet ihr euch denn, dass ihr ständig glaubt, die Seele eures Gegenübers beurteilen zu können? Habt ruhig eure Meinung, denn lau und unengagiert zu sein, wirkt erstickend auf euer Wesen. Seid aber nicht anmaßend wie ein Schwert, das verdammt und tötet. In jedem Urteil liegt der Keim von Stolz und Fanatismus. Wer behauptet etwas zu wissen, ist oft gerade derjenige, der nichts verstanden hat. Die wahre Wirklichkeit der Seele ist ihm fremd, weil er nur eine Maske wahrnimmt, die seiner Maske gegenübersteht. Maske gegen Maske - so drückt sich die Wirklichkeit in unserer Welt allzu oft aus."

Ich erinnere mich, dass der Meister Jeshua am Ende dieser Lehre noch einmal seinen Wunsch betonte, dass keiner von uns sich nach seinem Fortgehen als jemand aufspielen solle, der den Menschen die Masken herunterreißt.

Für Ihn war es ganz wichtig, dass man niemandem - unter dem Vorwand, ihm die Augen zu öffnen - die eigene Wahrheit überstülpte.

Alles, was wir uns erhoffen konnten, war, einem Menschen dabei zu helfen, sich selbst in seiner Ursprünglichkeit ganz ungeschminkt wahrzunehmen, gleichsam 'nackt und bloß'.

Damit warnte Er uns vor dem abstrusen Wunsch, andere umzuerziehen und ihnen unseren Glauben aufzuzwingen. Das kam Ihm zufolge einer Vergewaltigung des Bewusstseins gleich.

Er war der Meinung, dass eine Seele sich nur selbst verändern konnte. Wenn die Zeit reif war, trat sie in einen Verwandlungsprozess ein. Ihr diese Verantwortung abzunehmen, war, wie eine Steinmauer mit Kalk zu verputzen, um ihr ein 'besseres' Aussehen zu geben, nämlich eines, das unseren Vorstellungen eher entspricht. Man weiß ganz genau, dass der Kalkanstrich nur eine gewisse Zeit hält und der Stein doch Stein bleibt.

In den kanonischen Texten steht, dass Christus sich als 'die Wahrheit und das Leben' bezeichnete. Ich persönlich habe nie eine so kategorische Äußerung aus seinem Munde gehört. Hingegen sagte Er oft: "Ich bin eine Wahrheit, die euch von meinem Vater, der das Leben ist, mit auf den Weg gegeben wurde."

Die Nacht der Seele

So machte Er uns klar, dass Seine Worte nur ein weiterer Schritt auf dem Weg der Erkenntnis waren. Sie wiesen darauf hin, in welchem Stadium dessen, was zu begreifen menschenmöglich ist, wir gerade waren, also gleichsam auf welcher Seite der Wahrheit im Lebensbuch.

Was Er uns vermittelte war wahrlich schon ungewöhnlich und aufrührerisch genug für die damalige Zeit, als dass man die Grenzen hätte noch weiter verschieben müssen. Dabei ging es nicht nur um unseren Intellekt, sondern vor allem um das, was unser Herz 'verdauen' konnte. Und Gott weiß, dass an diesen Grenzen bereits heftig gerüttelt wurde. Sie hatten sich schon so stark verschoben, dass einige von uns sich äußerst bedrängt fühlten und über Monate in einer wahren *Seelennacht* versanken.

Dennoch war es unvermeidlich, diese Klippe zu überwinden, wie Jeshua sagte. Es war im Grunde ein Segen, zeugte es doch davon, dass bestimmte überkommene Werte, an die unsere Persönlichkeit sich geklammert hatte, untergingen und verfaulten.

Jeder, der sich wahrhaftig auf eine spirituelle Suche begibt, durchläuft natürlich viele solcher Phasen, in denen Zweifel, Ablehnung, Wut und schließlich Verzweiflung sein täglich Brot sind.

Der Meister verbarg uns nicht, dass auch Ihm dieser abgründige Bewusstseinszustand nicht fremd war. Er hatte ihn in früheren Zeiten, bevor seine Seele voll erblüht war, oft erlebt. Indem Er uns das erzählte, wollte Er jeden grundsätzlichen, wesenhaften Unterschied zwischen sich und uns aufheben. Er bekräftigte damit ein weiteres Mal, dass wir die Aufgabe hatten, an der Durchgeistigung unseres Wesens zu arbeiten.

Da Er nun Avatar war, hatte Er in seiner Persönlichkeit als Rabbi Jeshua keine solche Seelennacht durchmachen müssen, leugnete aber nicht, dass Er einst durch so manche 'enge Türe' zu gehen hatte, bevor Er mit seinem Vater völlig eins war, also bevor Er in Seinem Namen 'Ich' sagen konnte - ohne die geringste Spur von Egomanie.

Als wir uns einmal besonders nahe waren, vertraute Er uns an, dass eine dieser Türen die Pforte der Macht gewesen war. Dabei ging es nicht um seelische oder geistige Macht. Sie waren ja ohnehin die Grundlage seines Handelns in dieser Welt. Es ging vielmehr um zeitliche Macht.

Wenn der Geist in eine inkarnierte Persönlichkeit einzieht, wird diese so mächtig, dass nur eine intensive Selbstkontrolle ihre Macht beschränken und in die richtigen Bahnen lenken kann.

Die Versuchungsszene, die in den Texten beschrieben wird, führt uns beispielhaft vor Augen, mit welchen Hindernissen auch ein Meister der Weisheit zu kämpfen hat und welche Entscheidungen Er treffen muss.

Wenn dieser Meister nun Christus ist, gibt das wieder Anlass, darüber nachzudenken, wie es dabei um den freien Willen bestellt ist.

Wenn man nämlich einräumt, dass Christus in Versuchung geführt werden konnte, legt man den Akzent auf den inkarnierten Menschen in Ihm. Damit erkennt man aber zugleich an, dass seine Mission mitnichten von vorne herein erfüllt war. Er hatte sie nicht einfach schon in der Tasche.

Diese Einsicht schmälert seine Größe keineswegs, ganz im Gegenteil. Wäre Jeshua starr gewesen, wie eine Statue, unfähig zur kleinsten selbstständigen Regung, so läge doch etwas Enttäuschendes in diesem unabänderlichen Schicksal. Es wäre bedeutend weniger bewundernswert, wenn Er niemals von der "Schiene", die Gott festgelegt hatte, abgewichen wäre.

Wenn der Geist das Risiko eingeht, in die Materie vorzudringen, kann er gerade durch diesen wagemutigen Abstieg die Liebe in ihr volles Maß einsetzen. Das Erste, was Er uns damit lehrt, ist Demut. Wer das Wagnis zu stürzen nicht eingeht, wird weder gehen noch fliegen lernen ...

Wie könnte ich jemals den Pfad durch die Felsen vergessen, den ich an der Seite des Meisters zwischen Beer Sheva und Jerusalem entlangging? Es war glühend heiß. Wir konnten einfach nicht mehr ... Dennoch hielt Jeshua eine sehr wichtige Ansprache. Er wollte uns unmittelbar begreiflich machen, dass der Begriff 'Vollkommenheit' relativ ist, weil er immer im Zusammenhang mit einer bestimmten Zeit und ihrem Bewusstseinszustand betrachtet werden muss.

So ist auch jedes religiöse, philosophische oder auch wirtschaftliche System dieser Welt - so bewundernswert es im Einzelnen auch erscheinen mag - irgendwann dem Untergang geweiht, sagte Er.

Er fand diese Tatsache von Vorteil und sah darin sogar ein großes Gut, selbst wenn man dabei durch die Qualen der Veränderung und des Verfalls hindurchgehen musste.

Ein Rad, das sich zu lange allzu perfekt dreht, kann nur Überdruss und Langeweile auslösen und einen schließlich in Hypnose versetzen. Etwas zeitgemäßer ausgedrückt könnte man sagen, dass Christus ein wenig Sand im Getriebe eines allzu eingefahrenen Mechanismus durchaus zu schätzen wusste. Es muss Wesen geben, die Weckimpulse setzen und die anderen aufrütteln. Wir brauchen Rebellen, um immer wieder eine Scheinharmonie zu durchbrechen, die nichts anderes ist, als der Seelenschlaf jener, die ihr Leben lang glauben 'auf dem rechten Weg' zu sein.

Aufrührer stiften im Laufe ihres Lebens nicht unbedingt Frieden. Sie bringen ihn aber denen, die nach ihnen kommen. Sie zwingen die Schlafenden zu wachsen ... Sie bringen die Welt voran. So wird mit der Zeit ein neues Bewusstsein geboren ..."

Der Fall Judas

Diese Lehre – das wird mir jetzt erst richtig bewusst – erhielten wir etwa zwei Jahre nachdem der Meister einen Kreis auserwählter Jünger um sich geschart hatte, die sehr zuverlässig zu sein schienen. Wenn man diesem Zirkel angehörte, war es nur allzu verlockend, sich auserwählt zu fühlen, als sei man Teil eines perfekten Plans für die Ewigkeit. Ich bin mir indes sicher, dass keiner von uns das, was wir erlebten und was wir gelehrt wurden, miteinander in Beziehung brachte. Wir folgten dem Meister, also lebten wir in der Überzeugung, in der Wahrheit zu sein. Es gab keinen Grund, warum das aufhören sollte. Schließlich waren wir wie eine Familie. Jeder erfüllte seine Aufgabe so gut er konnte, auch wenn zuweilen untereinander kleine Rivalitäten auftraten.

In diesem geistigen Zustand, den man als 'gutes Gewissen' bezeichnen könnte, befanden wir uns, als sich 'der Fall Judas' ereignete. Umso größer war der Schock, den er uns versetzte.

Unter den Jüngern, die dem Meister am nächsten waren, hatte Judas immer ein wenig abseits gestanden. Er war nicht der einzig Gebildete, wie manchmal behauptet wird. Auch Levi, der ja Steuern eintrieb, konnte ein wenig lesen und schreiben, aber auch Johannes und noch ein paar andere. Die meisten von ihnen kamen aus der Essener Bruderschaft. Das Besondere an Judas war nicht seine Bildung. Es war seine offen unverfrorene und aufrührerische Art, andererseits aber auch sein unglaublich gutes Gedächtnis.

Er wusste immer ganz genau, wann der Meister was gesagt hatte, an welchem Tag uns diese oder jene Lehre zuteilgeworden war, wer dabei gewesen war und was die wichtigsten Punkte darin waren ... Im Grunde entfachte er damit einen gewissen Neid, löste aber auch Misstrauen aus, denn in seinen Bemerkungen und seiner Wortwahl zeigte sich seine einstige Zugehörigkeit zu den Zeloten. Außerdem schien Jeshua ihm ganz besonderes Vertrauen entgegenzubringen ... Im Übrigen stand Judas oft unfreiwillig im Mittelpunkt interner Streitigkeiten.

Die kanonischen Evangelien erklären ihn auf drastische Weise zum Urbild des vollendeten Verräters. Dort bekommt er keine Chance. Das liegt meines Erachtens daran, dass er in so vieler Hinsicht auch wieder Objekt des Begehrens war.

Freilich muss man sagen, dass sein eher verschlossenes, geheimnisvolles Wesen es ihm nicht gerade leicht machte, von allen gemocht zu werden. Davon einmal abgesehen war Judas jedoch nicht der düstere, intrigante Mensch, den man aus ihm gemacht hat. Er war zwar nicht sehr gesprächig, machte aber durchaus Scherze und hatte ein offenes Ohr für die Leiden seiner Mitmenschen.

Nach der Verhaftung am Ölberg glaubten fast alle von uns im ersten Schreckensmoment, dass er ein Verräter sei. Doch die Sache war nicht so einfach und auch keineswegs so eindeutig, wie es in den Evangelien scheint.

Einige von uns wussten, dass Judas ein Treffen zwischen Jeshua und dem Sanhedrin anregen wollte, das, angesichts des massiven Anwachsens politisch-religiöser Spannungen, als Grundlage des gegenseitigen Verständnisses dienen sollte.[35]

---

35) Vgl. Judas Rechtfertigung vor den anderen Jüngern, wie sie in “Essener Erinnerungen” (S. 346-348) geschildert wird.

Er sah darin den einzigen Weg, diese in den Griff zu bekommen, weil der Rabbi als Schlüsselfigur im Zentrum ganz unterschiedlicher Sorgen, Bedürfnisse und Absichten stand.

Ein kleiner Kreis von uns wusste auch, dass der Meister sich mehrmals bei Nikodemus oder Zachäus mit Judas unter vier Augen getroffen hatte.

Es erscheint mir durchaus plausibel, dass es dabei zu einer Vereinbarung zwischen Judas Iskariot und Jeshua gekommen ist, die dann zur Festnahme im Garten Gethsemane führte. Diese These wird auch in *L'évangile selon Judas* vertreten, das kürzlich erschienen ist.

Es gab für diese Treffen freilich keine Zeugen und sie sind auch nicht über die Akasha-Chronik zugänglich ... Dennoch ist diese Vermutung recht wahrscheinlich. Sie entspricht in jeder Hinsicht der oben erwähnten Lehre des Meisters ... derzufolge es Menschen geben muss, die bestehende Systeme zerschlagen, um Kräfte freizusetzen, die die Welt weiterbringen.

Was wäre aus der Mission Christi, ohne die schreckliche Rolle, die Judas darin zu spielen hatte, geworden? Das muss man sich doch fragen. Wenn die Kreuzigung stattfinden musste, wie die Theologen und Mystiker behaupten, so lässt sich daraus schließen, dass es zumindest ein stilles, seelisches Einvernehmen zwischen dem Meister und Judas Iskariot gegeben hat.

Andererseits kann man sicher sein, dass die Festnahme im Zuge der verschiedenen Autorschaften der Evangelien verzerrt dargestellt wurde. Der berühmte 'Judaskuss' und die Geldstücke, die dabei ausgetauscht wurden, sind wohl allegorisch zu verstehen, wie sich mit ein wenig Alchemie leicht entschlüsseln lässt.

An dieser Stelle möchte ich einen kleinen Exkurs einfügen ... Wenn man sich bewusst macht, dass es einen Zusammenhang zwischen bestimmten Passagen der heiligen Texte und der Schaffung des Großen Werks gibt, muss man wohl einräumen, dass einige Autoren der Evangelien - von Fälschungen und Zensuren einmal abgesehen - Liebhaber der Alchemie waren.

Offensichtlich haben sie ganz konkrete Anspielungen in ihre Texte gestreut, um damit eine Beziehung zwischen dem Leben Christi und der Herstellung des 'Steins der Weisen' zu stiften.

Für alle, die sich für dieses Thema interessieren, möchte ich zwei symptomatische Beispiele anführen:

Zunächst einmal ist da die berühmte Verleugnung durch Petrus, bevor 'der Hahn drei Mal krähte'. Diese Szene bezieht sich eindeutig auf eine ganz bestimmte Phase bei der Fertigstellung des Steins der Weisen, als die Urmaterie im Athanor sich im Morgengrauen drei Mal nicht in die richtige Richtung zu entwickeln scheint, wodurch das Werk zu scheitern droht.

Außerdem möchte ich auf die Symbolik des roten Mantels hinweisen, mit denen die Schultern Christi unmittelbar vor der Kreuzigung bedeckt wurden. Obwohl der Stoff damals nicht so leuchtend war, muss man darin wohl eine Anspielung auf das Rubinrot sehen, welches der Stein der Weisen annimmt, wenn er in einen durchgeistigten Zustand übergeht.

Eine entsprechende Durchgeistigung findet statt, als das Christusbewusstsein am Kreuz aus dem Körper Jeshuas heraustritt. In diesem Moment kreuzen sich die Wege - die Last der Materie, die allem Menschlichen anhaftet, trifft auf das Gold des Göttlichen Geistes, die Kraft der Verwandlung.

Ich erinnere mich noch an die Erklärung, die manche Priester uns für die rote Farbe des Mantels Christi vor der Kreuzigung gaben ... nämlich, das sei vor zweitausend Jahren der Mantel der Irren gewesen. Man hätte damit seinen Wahn, sich als 'König der

Juden' auszugeben, anklagen wollen. Auch darin ist sowohl eine Verfälschung als auch eine Verarmung zu sehen.

Wenn bestimmte Alchemisten sich vor Jahrhunderten den Begriff des Wahnsinns angeeignet haben, dann im Sinne seiner mystischen und symbolischen Bedeutung, entsprechend dem Narr der großen Arkana im Tarot, der alles neu macht, dem zu folgen aber nicht 'ungefährlich' ist ...

Ich möchte noch einmal auf Judas zurückkommen. Er musste den Meister den Römern gewiss nicht mit einem Kuss kenntlich machen. Das Gesicht des Rabbis war bekannt, außerdem fiel Er durch seine Gestalt ohnehin auf ... vor allem zu einer Zeit, in der Jerusalem und Palästina nicht gerade viele Einwohner hatte, das darf man nicht vergessen.

Auch der Selbstmord Judas Iskariots ist eine reine Legende. Allerdings verschwand er für viele Jahre, um den Reaktionen der anderen Jünger aus dem Wege zu gehen. Ungeachtet der allgemeinen Fassungslosigkeit über das Geschehen, war jedoch bekannt, dass Judas noch lebte und sogar Frau und Kinder hatte.

Erst am Ende seines Lebens, nachdem er mit großer Mühe eine lange Depression - gleichsam eine Seelennacht - überwunden hatte, entschloss er sich, einen ersten Entwurf des Textes zu schreiben, der uns heute vorliegt. Nach ein paar kurzen Vorstößen in die Annalen der Zeit, wurde mir klar, dass das Eingreifen von Johannes eine große Rolle bei seiner Befreiung aus der psychisch verfahrenen Situation gespielt hat.

Wenn es wirklich ein Einvernehmen zwischen Jesus und Judas in Hinblick auf die Notwendigkeit der Verhaftung gab, muss man sich doch fragen, warum der Meister ihm eine solche Prüfung auferlegte, die zwangsläufig nur Hass und Ablehnung nach sich ziehen konnte.

Ich glaube, die Antwort ist recht einfach. Sie besteht in einer Bemerkung, die Christus gerne Menschen gegenüber machte, die von großem Leid niedergedrückt wurden oder meinten, das Schicksal habe sich gegen sie verschworen.

"Beklagt euch niemals über die 'engen Türen', die ihr durchschreiten müsst. Eine Prüfung ist stets ein Zeichen, dass mein Vater auf euch blickt. Wenn Er das Feld eurer Seele pflügt, so weil Er etwas darin säen will. Wenn ein Feld umgepflügt wurde, ragen die Wurzeln des Unkrauts in die Luft ... Gerade das aber tut weh. Seht also kein Unheil und keine Strafe in euren Leiden, meine Freunde. Seht sie als Vorbereitung auf etwas.

Es ist immer nur die eine Seite eurer Seele, die aufschreit, nämlich ihre Oberfläche. Was sich aber in eurer Tiefe befindet und nicht bloß lockere Erde ist, sondern fest wie ein Fels, jener Teil, der Kristalle und kostbare Steine birgt, bleibt intakt. Ich sage euch, was das Leid in euch erschüttert, ist nicht das Beste in euch. Ihr seid es nicht einmal wirklich - es ist nur die illusionäre Vorstellung, die ihr von euch habt.

Sucht indes das Leiden nicht eigens auf, sehnt euch nicht danach, umgepflügt zu werden, um dem Ewigen zu gefallen, denn die erste Pflicht ist es, zu lieben - sich selbst und alles, was einen umgibt ...

Doch wenn das Leid kommt, so nehmt es auf, wie einen Lehrmeister aus der Wüste. Wisst es zu empfangen, wie ihr mich empfangt, denn ich sage euch, nicht in aller Seelenruhe sollt ihr in meinen Spuren wandeln."

Wenn man sich vom tieferen Sinn dieser Worte durchdringen lässt, versteht man leichter, warum Christus nicht davor zurückschreckte, zuweilen zu sagen, Er bringe nicht nur den Frieden, sondern auch das Schwert.

Er meinte damit, dass angesichts der Krankheit der gesamten Menschheit nur tief greifende Veränderungen als Heilmittel wirksam sind.

Abschließend lässt sich über Judas sagen, dass man in ihm nicht den 'letzten' Jünger zu sehen hat. Er war nicht bloß der "Rothaarige mit dem hinterlistigen Blick", als der er von vielen Malern dargestellt wurde. Das ist inzwischen ganz klar.

Unser Universum funktioniert nicht, wie man meinen könnte, nach dem Dezimalsystem, sondern nach dem Duodezimalsystem, also nach dem Zwölfersystem.

Wenn Judas in der Christlichen Symbolik beim Abendmahl[36] *die Rolle des dreizehnten Gastes hat und damit die Grundlage für einen Aberglauben legt, muss man vor allem eines sehen: Um von einem Funktionssystem zum nächsten überzugehen, muss man ein Element einführen, dass einen Bruch schafft.*

Um von einem Zwölfersystem zum nächsten überzugehen, muss also die Dreizehn vorkommen. Sie wird zwangsläufig eine Veränderungsdynamik in Gang setzen. Das Symbol der Zahl Dreizehn erlaubt es, die Blickrichtung zu wechseln und vorauszuschauen. Das Wort 'Judas' bedeutet im Französischen seltsamerweise "Guckloch oder Spion", bezeichnet also eine kleine Öffnung, die es erlaubt, zu sehen, was sich hinter einer Mauer oder einer Tür befindet. Entsprechend ist Judas auch nicht das Hindernis, sondern ein Schwellenhüter im nobelsten Sinne des Wortes. Er gibt uns die Möglichkeit wahrzunehmen, *Was* weiter weg ist und auf uns wartet ... wenn wir es nur wollen.

36) Auch dabei handelt es sich nicht um eine historische Tatsache, sondern um ein Symbol. Es waren mehr Jünger anwesend, sowohl Männer als auch Frauen ...

Das Gesetz der Fülle

Ich persönlich meine, dass man etwas so Rätselhaftes wie die näheren Umstände des 'Verrats' von Judas, das Mysterium der Kreuzigung oder das Leben des Christus Jeshua ganz allgemein nur verstehen kann, wenn man die Dinge mit einer gewissen Distanz von oben betrachtet. Man muss sich dabei von allen Vorurteilen frei machen.

Es gilt vor allem einzusehen, dass bei dem Spiel mit kosmischen Dimensionen, das sich vor zweitausend Jahren auf einem kleinen Fleckchen Erde mit Namen Palästina abgespielt hat, jeder, ohne es wirklich zu wissen, seine ganz bestimmte Rolle zu spielen hatte. Dabei hatten manchmal auch kleine Rollen große Konsequenzen. Damals dachte ich oft, wir seien alle nur unbewusste, aufeinanderfolgende Mittelsmänner einer Kraft, die unser Leben bis ins kleinste Detail so einrichtet, dass alles geschieht, was geschehen muss.

Einmal führte uns Christus die Bedeutung der Rolle jedes Einzelnen in dieser Welt am Beispiel eines jungen Schäfers vor Augen, den Er im Gebirge getroffen und der Ihm beiläufig von einem Lahmen erzählt hatte, welcher Ihm nach seiner Heilung Zachäus vorstellte. Daran erinnerte Er uns bei dieser Gelegenheit ... denn Zachäus war Ihm bei seinen Reisen durchs Land ja eine große Hilfe und sei es nur in materieller Hinsicht.

Es war für Christus ganz entscheidend, dass jedem Menschen während seiner Inkarnation bewusst wird, dass er stets am richtigen Ort ist. Solange wir uns nicht selbst belogen, waren wir immer genau da, wo wir sein mussten. Wir kamen unter den Bedingungen auf die Welt, die für unsere seelische Entwicklung am günstigsten waren und befanden uns stets am rechten Ort. Die Frage war nur, ob wir in jedem einzelnen Augenblick unseres Lebens bestimmte seelische Qualitäten an den Tag legen konnten, oder eben nicht. Nur diese standen also auf dem Prüfstand.

Er ging sogar so weit zu sagen, dass selbst wenn Er die Rolle des Meisters und nicht eines Schülers spiele, wir uns doch alle gegenseitig ergänzen und voneinander abhängen, auch wenn wir vielleicht das Gefühl hätten, nur empfangen zu können.

Eines Morgens, als einer von uns sich tiefer als sonst vor Ihm verneigte, versicherte uns Christus, dass auch Er, anders als wir dachten, nicht nur etwas zu geben habe, sondern von jedem von uns auch etwas bekäme. Ich weiß noch, dass diese Äußerung uns etwas aus dem Konzept brachte. Es war sehr ungewöhnlich für eine spirituelle Autorität, so etwas zu sagen. Er nützte die Gelegenheit, um uns etwas über den energetischen Austausch zwischen Meister und Schüler zu lehren, wie wir das heute nennen würden. Sie befruchten sich gegenseitig. Entsprechend ist auf anderer Ebene die Gottheit ohne ihre Schöpfung bedeutungslos. Beide sind unablösbar miteinander verbunden und bilden eine gemeinsame Wirklichkeit.

So wird auch das Gesetz der Fülle verständlich, welches das Leben regiert. Man tritt ganz bewusst in diese Fülle ein und nährt sie damit umgekehrt auch wieder. Es ist also ebenso wichtig, ‘geben’ wie ‘nehmen’ zu lernen. Das eine zieht das andere nach sich, setzt es erst in sein Recht und bewirkt damit einen Lebensimpuls.

Wenn ich mich recht erinnere, fand diese Rede kurz nach der berühmten, in den Evangelien erwähnten Episode statt, in der Miriam von Magdala die Füße des Meisters mit kostbarem Nardenöl salbt. Ich war bei dieser Szene nicht dabei, doch die hitzigen Kommentare der Anwesenden kamen mir bald zu Ohren.

Es stimmt, dass zwei oder drei Leute Miriam vorwarfen, ein seltenes Öl zu verschwenden, anstatt mit seinem Gegenwert den

Armen zu helfen ... Der Meister habe daraufhin im Wesentlichen gesagt, sie würde richtig handeln, denn Arme gäbe es immer, während Er nicht immer bei uns sei ...

Diese Reaktion des Meisters könnte man auf den ersten Blick egoistisch finden. Es wäre jedoch falsch, sie so aufzufassen. Sie verweist vielmehr auf die oben erwähnte Lehre. Diese Aussage möchte uns Folgendes klarmachen: "Jeder soll das, was ihm zusteht und was das Leben ihm schenkt, ohne falsche Bescheidenheit empfangen. Eine von Herzen kommende Gabe anzunehmen ist ohne Fehl und Tadel, selbst wenn sie unvernünftig anmutet. Man beleidigt damit nicht etwa das Leben, denn wer mit Liebe gibt, bekommt ebenso viel Liebe zurück, wie er sie in seine spontane Geste gelegt hat."

Um auf Jeshuas Bemühungen zurückzukommen, die Unterschiede zwischen den Menschen auszulöschen und das Gleichgewicht zwischen Geben und Nehmen hervorzuheben, möchte ich die 'Fußwaschung' als Beispiel heranziehen.

Ich muss gleich sagen, dass diese Episode im Leben Christi nicht nur einmal, sondern mehrmals stattgefunden hat. Einem spirituellen Meister die Füße zu waschen, war zur damaligen Zeit etwas ganz Normales und ist es auch heute noch, etwa in der altindischen Tradition.

Dieser Geisteshaltung zufolge erniedrigt man sich nicht, wenn man jemandem die Füße wäscht, den man für spirituell weiter entwickelt erachtet, als sich selbst. Man erlegt sich damit keine Buße auf und verehrt auch nicht seine Persönlichkeit als Mensch. Es geht vielmehr darum, das göttliche Feuer, das durch ihn hindurchscheint, zu erkennen und zu ehren. Die Füße werden als Verbindungspunkt zwischen Geist und Materie, nämlich zwischen dem Körper des Meisters und der Erde, die ihn empfängt, als besonders heilig betrachtet.

Es ist natürlich eine Revolution gegenüber dem damaligen Zeitgeist, dass der Meister die Rollen vertauscht und den Ihm nahestehenden Menschen seinerseits die Füße gewaschen hat. Das entspricht genau der Gesinnung seiner Lehren, denen zufolge die Dynamik des Lebens auf einem ständigen Austausch basiert.

Wenn es unter den inkarnierten Seelen welche gibt, die schon weiter aufgeblüht sind, so sind doch auch jene, die sich noch im Knospenstadium befinden, vielversprechend. Auch sie nähren das Herz.

Und so machte Jeshua durch seine Geste deutlich, dass wir zum einen alle Meister füreinander sind, auch wenn uns das nicht bewusst ist und zum anderen das Göttliche in gleicher Weise in uns allen lebt. Durch die Fußwaschung wollte Er auf den Göttlichen Funken in jedem Menschen hinweisen und ihm seine Ehrerbietung erweisen. Um wirklich Spuren in unserem Geist zu hinterlassen, nahm der Meister diesen Rollentausch nicht nur einmal vor, wie es in den Evangelien steht, sondern mehrmals. Für Ihn war Gott so gewiss in jedem von uns, wie wir in Ihm waren. Sich von seiner Wirklichkeit und Gegenwart abgeschnitten zu fühlen, war daher völlig unsinnig. Es war eine Absurdität, die vom Vergessen herrührte.

Auch wenn diese Haltung vor zweitausend Jahren revolutionär war, muss man sich doch klarmachen, dass Christus nicht der Erste war, der sie propagierte. Das darin enthaltene Prinzip war bereits Teil der grundlegenden Lehren der Essener Bruderschaft, vor allem jenes Zweiges, der im Karmel lebte. Dabei dürfen wir jedoch nicht vergessen, dass auch die Essener Gemeinschaft es ihrerseits aus der Ägyptischen Tradition übernommen hat, die etwa fünftausend Jahre zuvor der Pharao Echnaton[37] begründet hatte. Er sah in jedem menschlichen Wesen einen potenziellen Priester, ein echtes Gefäß des Göttlichen.

37) Vgl. "Echnaton und der strahlende Gott", vom selben Autor, Silberschnur Verlag.

Man muss schon zugeben, dass eine solche Geisteshaltung mit Blick auf das traurige Schauspiel der von der Menschheit – oder das, was sich dafür hält – begangenen Monstrositäten lächerlich erscheinen mag. Dieses 'Schauspiel' ist sogar das zentrale Gegenargument gegen eine Göttliche Ordnung. Das wird auch so bleiben, solange wir nicht von unserer kindischen Wahrnehmung jener 'Energie', die wir Gott nennen, ablassen. Dieser riesigen Aufgabe hat Jeshua sich gewidmet.

Um die eingefleischte Vorstellung der Dualität, der Abhängigkeit und derlei Albernheiten auszurotten, reichen zwei Jahrtausende nicht aus. Das erfordert eine natürliche Reifung, die durch keinen Meister der Weisheit ersetzt werden kann, selbst durch Christus nicht.

"Wer nicht von selbst wächst, wächst nicht wirklich, sondern nur scheinbar, indem er seinen Lehrern nach dem Munde redet, um ihnen zu gefallen. Wenn er sich nicht von ihnen ablöst, findet er sich niemals selbst. Weil er sich aber nicht findet, verkennt er auch die wahre Natur des Ewigen. Ich sage euch, solange ihr glaubt, außerhalb Seiner Wirklichkeit zu sein, werdet ihr Ihn für die Ungerechtigkeiten und Schandtaten dieser Welt verantwortlich machen. Bedenkt aber, dass ihr selbst der Ausdruck seiner Freiheit seid, euch also nur das begegnet, was ihr seit Urzeiten selbst hervorgebracht habt. Wenn ihr den Wind der Zerstreuung Tag für Tag mit tausend kleinen Gesten antreibt, müsst ihr euch nicht wundern, wenn eine riesige Sturmböe des Trennenden und der Auflösung auf euch zurückfällt.

Der Ewige ist aus jenem absoluten Licht ohne Schatten gemacht, das sowohl Licht als auch Schatten enthält. Selbst mit diesem Schatten, der die Sehnsucht nach dem Licht versinnbildlicht, beansprucht Er seine Gegenwart in euch."

Solche Worte brachten den Meister manchmal zu weiteren wegweisenden Ausführungen über 'seinen Vater', wie Er ihn nannte.

Er zögerte nicht, den Menschen, die Ihm wirklich folgen konnten zu sagen, dass dieser Name nur eine Konvention ist. Im Grunde ihres Herzens ist diese vermeintlich väterliche Kraft weder männlich noch weiblich. Sie umfasst vielmehr beides. Wenn diese Vorstellung uns heute ganz selbstverständlich erscheint, so ist das der Beweis, dass sich 'etwas' in uns verändert hat. Wir sind heute eher in der Lage, uns einem weniger anthropomorphen Gottesbild zu öffnen.

Etwa seit Beginn unserer Zeitrechnung, haben religiöse Autoritäten die gesamte Christenheit in dem Glauben gelassen, Christus habe das 'Vaterunser' geschaffen. Ernsthafte Theologen wissen jedoch sehr wohl, dass das nicht stimmt. Es handelt sich dabei um einen sehr alten Text. Er gehört derselben Traditionslinie an wie die "Bergpredigt".[38]

Unbekannt ist hingegen, dass der Meister Freude daran hatte, in unserer Gegenwart ein entsprechendes Gedicht zu machen, dass Er an die Heilige Mutter richtete. Die Akasha-Annalen zeigen das. Johannes und Judas haben es beide aufgeschrieben. Ich gebe es hier aus der Erinnerung wieder. Wir beteten es manchmal gemeinsam, wenn wir unterwegs waren, in einem Singsang weniger Klänge, wie eine kleine Litanei:

Unsere Mutter ...

Heilige Mutter, die Du uns auf Erden, wie auch im Himmel empfängst
Deine Gegenwart erfülle unsere Seele,
Dein Licht möge Gestalt gewinnen in uns

38) Siehe S. 117.

Und Dein Geisteshauch möge alles reinigen in der Einheit der Welten
Lass jeden Tag zur echten Nahrung werden für uns
Lass uns bewusst werden, was uns fehlt,
und gib uns die Kraft, jenen die Hand zu reichen, die stolpern.
Gib uns Unterscheidungsvermögen
Und hülle uns in die Sonne deiner Liebe
Denn Sie allein ist unsere Heimat.

Wenn dieses Gebet, anders als das 'Vaterunser' die Jahrhunderte nicht überdauert hat, so gewiss, weil es schon bald von den Begründern der Kirche auf den Index gesetzt wurde. Davon bin ich überzeugt. Ohne Zweifel haben sich die Patriarchen, die jenes Dogma errichtet haben, das noch immer herrscht - oder besser, uns noch immer dient - sich von seiner Weiblichkeit gestört gefühlt. Allein die gnostische Strömung der Schule von Alexandrien[39] wagte es, in ihrer Lehre dem weiblichen Element jenen Platz einzuräumen, den es im Herzen Christi wirklich hatte. Ansonsten wurde alles getan, um Texte, die davon Zeugnis ablegten, zu zerstören ... Es würde mich jedoch nicht wundern, wenn sich in dem einen oder anderen Kellerverlies des Vatikans heimlich wohlgehütete Spuren davon fänden.

Natürlich ist es nicht etwa besser, das 'weibliche Antlitz' Gottes zu verehren, als seinen männlichen Aspekt und im Übrigen muss in unserem gewohnten Sprachgebrauch noch 'etwas' erfunden werden, das auf geistvolle Weise auszudrücken vermag, was sich mit dem Wort 'Zweigeschlechtlichkeit' aufgrund seiner allzu körperlichen Nuance nicht fassen lässt.

39) Vgl. z. B. das Buch der Pistis Sophia.

Mit dem Begriff Ain Soph der Kabbalisten - das undefinierbare, unbestimmte Urlicht - lässt sich vielleicht noch am ehesten die Essenz jenes Absoluten fassen, das sich uns ständig entzieht.

Ich habe ja schon darauf hingewiesen, dass der Platz, den der Meister der weiblichen Sensibilität - in seiner Lehre, wie in seinem täglichen Leben - zuwies, wohl einer der stärksten Störfaktoren für die Gesellschaft war, in der Er lebte, erst recht aber für den Hohen Rat des Sanhedrin, vor den Er nach seiner Verhaftung zitiert wurde.

Die männliche Macht erträgt die Vorstellung, ihre Autorität teilen zu müssen, nur mit Mühe ... Dasselbe gilt für die weibliche Macht, wenn sie ihre sensible, feminine Seite vergisst, um das männliche Spiel mitzuspielen.

Jeshua als tantrischer Meister

Dieser Aspekt, der für die christliche Lehre vor zweitausend Jahren durchaus prägend war, führt uns zurück zur Rolle, die Miriam von Magdala damals spielte, aber auch zu der geheimsten Seite im Leben des Meisters selbst. Diese liegt aus verschiedenen Gründen im Verborgenen. Zum einen ist sie für die meisten Menschen schwer verständlich. Zum anderen ist darin eine Reinheit der Seele angesprochen, die nur wenige von uns erreicht haben. Ich spreche von Jeshua als tantrischem Meister. Diese Seite seiner Lehre verlangt meinen Lesern die größte geistige Unabhängigkeit ab. Sie müssen frei sein von Vorurteilen und ihr Herz so weit wie möglich öffnen.

Noch heute sind nur wenige in der Lage, den Tantrismus als Instrument der Bewusstseinserweiterung richtig einzusetzen.

Auch damals konnte sich nur ein sehr kleiner Kreis dieser Lehre nähern, und zwar sowohl was ihre metaphysische Dimension als auch ihre praktische Umsetzung angeht. Diese Gruppe umfasste kaum mehr als zehn oder zwölf Menschen, von denen natürlich größte Diskretion, aber auch allerhöchstes Engagement gefordert wurde.

Der Weg der tantrischen Praxis, den der Meister uns einst lehrte, ist in der Tat so anspruchsvoll, dass man sich nicht den kleinsten Fehler erlauben kann.

Sie erfordert einen vollkommen zentrierten Geist, ein ganz reines, von allem Groben befreites Herz und ein völlig freies, unbeschwertes Verhältnis zum Körper. Es genügt nicht, all das so ungefähr zu haben.

Sie verbrennt und zersetzt alle, die in diesen Dingen nicht ganz wahrhaftig sind.

Was der Meister darüber wusste, hatte Er in Kaschmir entwickelt, nachdem Er hoch oben im Himalaya beim Yogi-Avatar Babaji, der über ein Jahr lang sein Lehrer auf diesem Gebiet gewesen war, die Grundlagen dafür gelernt hatte.

Der Zugang, den Kaschmir zum Tantrismus eröffnet, ist unter allen Formen, die sich auf der Welt entwickelt haben, am lebendigsten und am breitesten angelegt. Zumindest hat Christus uns das so weitergegeben.

Die wenigen von uns, die das Wort des Meisters zu diesem Thema hören durften, waren nicht überrascht, dass Seine Lehre in diese Richtung ging, das muss ich sagen. Anders als die Kirche uns jahrhundertelang einreden wollte, war es in Jeshuas Denken stets unvorstellbar, Körper und Geist als etwas Gegensätzliches aufzufassen, als stünden sie sich feindlich gegenüber.

Obwohl unsere Welt im Vergleich zu Seiner "trüb und stumpf" war, stand sie für Ihn in enger Verbindung zur Welt seines Vaters. Sie war für Ihn eine Art Werkzeug oder auch ein Sprungbrett zu jener Welt.

Er sagte, sie sei ein Teil des Aufstiegsplans, den die vom Ewigen ausgehende Lebenswelle angestoßen hatte. Und so lehrte uns der Meister, all ihre Ausdrucksformen und Wechselspiele zu respektieren. Es ging darum, den 'reinen Blick' zu entwickeln und uns dem heiligen Feuer Gottes zu nähern, das den Menschen und seinen Körper hervorgebracht hatte und formte.

Es gibt im Bereich der Spiritualität kaum ein gängigeres und abgegriffeneres Bild, als den Ausdruck: "Euer Körper ist ein Tempel". Es ist zwar etwas Wahres dran, doch weil man sich nicht intensiv genug damit beschäftigt, durchdringt man ihn nicht in seiner Tiefe. Genau dadurch aber wird er in gewisser Weise stillgelegt, das Beunruhigende daran wird eliminiert. Christus aber war ein Erwecker, jemand, der aufrütteln wollte.

Wenn Er mit uns über den Körper sprach, so schreckte Er nicht davor zurück, auch wirklich darüber zu sprechen, nicht nur so ungefähr und allgemein. Jedes Organ ist eine eigene Welt und hat natürlich seine ganz bestimmte Funktion, zugleich aber auch seine feinstofflichen Dimensionen, die *alle* in Verbindung zur höheren Welt stehen.

Es gab in diesem Bereich für den Meister keine Zensur. Da sind nicht etwa auf der einen Seite die noblen Körperteile und auf der anderen die niedrigen und schlechten, die keine Aufmerksamkeit verdienen.

Alles im Organismus drückt die Gegenwart des Ewigen und die Entwicklung des Lebens aus, so wie Er es in seinem Herzen entworfen hat.

So lehrte Jeshua uns, das zu entdecken und zu respektieren, was Er 'Seele der Sinne' nannte, nämlich das heilige Band, das diese mit der feinstofflichen Weisheit verbindet. Gemeinsam mit Ihm verbrachten wir viele Stunden damit, die geheime Verbindung aufzuspüren, die die physische Wirklichkeit jedes einzelnen Sinnes mit ihrer himmlischen Wurzel verbindet.

Dabei drangen wir tief ins Innere der Chakren ein und konnten wahre Sternenkonstellationen in ihnen erleben.

Nachdem Er uns in einen Zustand der Leere geführt hatte, stieß Jeshua einen Ton aus, der aus zwei oder drei Silben bestand. Wir wiederholten ihn, bis seine Schwingung einen unserer Sinne weckte. Wir wussten nie, welcher Sinn erregt werden würde, doch wenn es so weit war, entstand ein so mächtiger Eindruck, dass unser Herz und unsere Seele unglaublich ausgedehnt wurden.

Natürlich reagierte auch unser Körper, doch nie auf animalische Weise. Wir spürten vielmehr, wie er von einer Durchgeistigung erfasst wurde, die sich nicht in Worte fassen lässt.

Selbst als wir nachts wie gewohnt am Feuer saßen, um uns bei Kichererbsenfladen unsere Erlebnisse zu erzählen, konnten wir kaum darüber sprechen. Der Meister pflegte dann nur still zu lächeln und ließ uns einschlafen.

Anhand dieser Lehre und mithilfe recht komplizierter Atemübungen machte Er uns bewusst, dass all unsere Sinne und jede Funktion unseres Körpers die Pforte zu einer bestimmten Sphäre des Göttlichen darstellt.

Muss man noch eigens betonen, dass wir so in eine innige Verbindung mit allem traten, was uns Tag für Tag umgab? Es spielte keine Rolle, ob es nun belebt war oder nicht, denn wir spürten zunehmend *von innen heraus* die Lebenswoge, die darin pulsierte und auch, dass wir ihr angehörten.

Ziel war es, unser Bewusstsein relativ rasch für die Heiligkeit der Inkarnation zu schärfen, aber auch für die besagte Feuerkraft des Aufstiegs, die einen so unendlichen Respekt verdient. Diese aber schlummert an der Basis jedes Körpers. Man nennt sie Kundalini.

Als unsere Wahrnehmung hierfür entwickelt war, erhielten wir genaue Anweisungen darüber, wie man die sexuelle Kraft steuern und beherrschen kann. Wie der Meister bereits angedeutet hatte, wurde der Körper zum Sprungbrett und unsere Füße berührten die Sterne ... In der Praxis, die sich natürlich daran anschloss, bildeten wir Paare, entsprechend unserer persönlichen Neigungen, folgten dabei aber ganz präzisen Ratschlägen, die keinen Misston und keine Unstimmigkeit zuließen.

Über Lüge und Heuchelei

Auch über diesen so speziellen Bereich möchte ich nur wenig sagen. Man versteht ihn erst, wenn man in der Situation ist und in einen geistigen Zustand gerät, in dem die traditionelle Moral nicht mehr zählt. Mir ist vollkommen klar, dass das, was ich hier sage, manche Menschen schockieren wird, gerade in diesem Zusammenhang. Ich habe jedoch den Entschluss gefasst, mich an dieser Stelle frei darüber zu äußern. Es ist einfach an der Zeit, den Schleier zu lüften und offenzulegen, was nie ausgesprochen wurde oder aber Zensur und falschem Zeugnis zum Opfer gefallen ist.

Wenn die Verantwortlichen einer Gesellschaft - oder eher, die Verantwortungslosen - die Lehre eines Meisters der Weisheit drastisch kürzen, zügeln und zensieren, so hat das erhebliche Konsequenzen - vor allem, wenn es sich dabei um einen Avatar handelt. Indem sie ihre gegenwärtigen Interessen und Meinungen über die Weisheit eines Götterboten stellen, nehmen sie sich die Freiheit, die Entwicklung des menschlichen Bewusstseins auszubremsen.

Christus hat uns immer wieder gesagt, wie viel Vertrauen Er der menschlichen Fähigkeit, geistig zu wachsen, entgegenbringt.

Er hat sich immer darum bemüht, diesen 'Mut zum Aufstieg' anzufachen. Die in seinem Namen auftretenden, folgenden Generationen würden jedoch gerade eine Angleichung nach unten bewirken, das war Ihm vollauf bewusst.

Je mehr mein Gedächtnis sich dem Leben öffnet, das ich vor zweitausend Jahren gelebt habe, umso deutlicher wird mir, dass gerade die menschliche Seite des Christus Jeshua mich am meisten fasziniert und bezaubert. Als tragender Zug seiner Persönlichkeit bewirkte sie, dass Er die Schönheiten, aber auch die Wechselfälle des Lebens niemals gering schätzte.

In der Hülle des inkarnierten Gottes war stets der Mensch zu spüren, der an sich gearbeitet hatte und alles über das menschliche Leben wusste.

Was einem großen Teil unserer Gesellschaft mit jüdisch-christlichen Wurzeln schließlich zu viel wurde, ist die Tatsache, dass sie über Jahrhunderte auf einen religiösen Weg geführt wurde, der von der historischen, aber auch der menschlichen Wirklichkeit völlig abgelöst war.

Jesus Christus wurde immer so perfekt dargestellt, als sei Er unmittelbar aus einem Marmorblock hervorgetreten, ohne die geringste Entwicklung durchgemacht zu haben.

Indem aus seiner Fleischwerdung als Mensch etwas durch und durch Nicht-Menschliches gemacht wurde, verstärkte sich die bereits bestehende Trennung zwischen der geistigen und materiellen Welt nur noch weiter.

Ich scheue mich nicht, es auszusprechen: Es wäre ein Irrtum, zu glauben, der Meister Jeshua habe ein mönchisches Leben geführt und Liebe nur in platonischer Form gekannt und weitergegeben. Während Er bei uns lebte, hat Er uns nie verschwiegen, dass die körperliche Liebe Ihm vertraut war. Er lehrte uns aber, sie so weit wie möglich mit der Kraft des Geistes zu durchdringen.

Diese Dimension im Leben des Meisters war für uns vor zweitausend Jahren völlig normal ... Wenn sie es heute nicht mehr ist und dieser Umstand nun viele Menschen schockiert, so weil die eigentliche Lehre Christi nachhaltig von anderen Interessen unterwandert worden ist. Dadurch trat statt der Einheit die Dualität in den Vordergrund.

Der Buddhismus hingegen ist diesem Irrtum nicht anheimgefallen. Er zeigt, wie Siddharta Gautama, der ebenfalls Avatar war, den Zustand Buddhas erreichte. Die orientalische Tradition scheut nicht davor zurück anzuerkennen, dass der Prinz Siddharta verheiratet war und Kinder hatte. Doch sie lässt uns auch wissen, dass er Frau und Kinder verließ, um den Weg seiner geistigen Suche zu beschreiten und sich einer radikalen körperlichen Askese zu unterziehen, bevor sich die Einheit aller Dinge in ihm manifestierte.

Die buddhistische Tradition stellt ihn als Menschen dar, der sich gleichsam zu einem Gott erhoben hat und weist der Menschheit damit einen Weg. Umgekehrt macht uns die christliche Kirche, weil sie einen großen Teil der Grundlagen des Wortes ihres Begründers gar nicht kennt, zu ewigen Sündern, deren Seelenheil davon abhängt, Christus als alleinigen Herrscher und einzigen Sohn Gottes anzuerkennen. Er gilt als unerreichbares Vorbild, das man ohne Wenn und Aber anzubeten hat.

Im Rahmen dieser Denkweise kann man bestenfalls zum Heiligen werden, nämlich zu einem Wesen, das ein langweiliges Leben im Gebet führt, ansonsten aber dem menschlichen Schicksal enthoben ist. Im kollektiven Bewusstsein ist man dann der Auserwählte einer Religionsgemeinschaft, die sich anderen ohnehin weit überlegen fühlt.

Wenn ich diese Gedanken hier ausspreche, so möchte ich damit jedoch keineswegs Polemik schüren.

Ich erachte es heutzutage einfach für notwendig, etwas Abstand von dem zu gewinnen, was uns eingetrichtert wurde, um zu einem eigenständigen Denken zu gelangen. Das gehört gewissermaßen zur geistigen Hygiene, sowohl in intellektueller als auch in spiritueller Hinsicht.

Der Botschaft Christi wohnt eine zu große Kraft und Schönheit inne, als dass man nicht den Versuch unternehmen müsste, sie wieder in ihrer ursprünglichen Wahrheit zu ergreifen.

Jesus und Maria-Magdalena als Paar

Man kommt in einer Untersuchung, die sich fernab von jeder Heuchelei bewegt, also nicht darum herum, sich mit Jeshua und Miriam von Magdala als Paar zu beschäftigen - ganz offensichtlich waren sie ja eines.

Je tiefer ich in meine Erinnerungen eintauche, je weiter das Buch der Zeit sich in diesem Punkt auftut, umso zutreffender scheint mir der Begriff 'Paar' zu sein. Er ist einfach unumgänglich. Während ich die Szenen und Bilder, die mir auf ewig eingeprägt sind, durchforste, wird mir immer deutlicher, wie unablösbar der *eine* vom *anderen* war. Das gilt schon allein für all die kleinen Dinge des Alltags.

Miriam war nicht nur die allererste Jüngerin, als die ich sie schon so oft dargestellt habe, sie war in gewisser Weise der gute Engel, der über das materielle Leben des Meisters in all seinen Details wachte.[40] Hatte er Durst? Musste Er sich ausruhen oder umziehen? Wenn Unbekannte ein privates Treffen mit Ihm

40) Vgl. das apokryphe Evangelium nach Philippus (Spruch 32): *Es waren drei, die allezeit mit dem Herrn wandelten: Maria, seine Mutter, und ihre Schwester und Magdalena, die man seine Gefährtin nennt. Denn (eine) Maria ist seine Schwester und seine Mutter und seine Gefährtin.*

wünschten, sollten sie sich am besten an Miriam als Vermittlerin wenden - so ging das Gerücht ... Es stimmte freilich nicht, denn Jeshua ließ niemanden an seiner Stelle entscheiden, wen Er sehen wollte und wen nicht. Dennoch spiegelt sich in diesem Gerücht wider, was allgemein bekannt war. Die Nähe, die zwischen den beiden herrschte, wurde also wahrgenommen.

Seit es die Kirche gibt, die Christus für sich beansprucht, wurden merkwürdigerweise alle Fragen unter den Tisch gekehrt, die darauf abzielen, sich den Meister Jeshua als Mensch und Mann vorzustellen, mit allem was dazugehört. Man weigert sich etwa anzuerkennen - oder überhaupt darüber nachzudenken -, dass es ja einer Infrastruktur bedurfte, um seine Reisen zu ermöglichen. Er brauchte eine Unterkunft und war in unzählige Alltagssituationen verwickelt. Es ist doch klar, dass dafür Gelder vonnöten waren, ebenso wie ein Minimum an Proviant. Außerdem musste man sich um Herbergen kümmern, die auf dem Weg lagen ... Bei der Organisation dieser Dinge spielte Miriam von Magdala eine große Rolle. Niemand wäre auf die Idee gekommen, ihr diese streitig zu machen, auch wenn der eine oder andere sicher ein wenig neidisch auf sie war. Kurz gesagt, sie war immer und überall unabkömmlich.

Sogar die römisch-katholische Kirche, die ein so scharfes Auge auf Frauen hatte, kann nicht leugnen, dass Miriam unter dem Kreuz stand und der Meister ihr am Ostermorgen am Eingang des Grabes erschien. So steht es in den kanonischen Evangelien. Allerdings wird dort über den "Fall" Maria-Magdalena rasch hinweggegangen. Man ist nicht bereit, etwas anderes in ihr zu sehen, als eine "Ex-Prostituierte". In all den Jahren, in denen ich das Privileg hatte, ihr fast täglich im unmittelbaren Umfeld des Meisters zu begegnen, konnte ich beobachten, wie sehr sie sich veränderte. Ich hatte den Eindruck, dass nach und nach ein anderes Blut in ihren Adern floss. Es war, als hätte sie Zugang zu einer anderen

Realität, zu einer Dimension, die uns verschlossen war. Wir sprachen untereinander wenig darüber. Sonst hätten wir das Gefühl gehabt, die heilige Intimität, die wir zwischen Jeshua und ihr spürten, zu stören. Wenn einmal plötzlich Eifersucht aufkam, was sogar unter den Männern manchmal vorkam, nutzte der Meister stets die Gelegenheit, um uns ein paar vergessene Wahrheiten ins Gedächtnis zu rufen.

Waren Jeshu und Miriam ineinander verliebt? Diese Frage wird mir gelegentlich gestellt. Sie verdient es, vertieft zu werden. Es hängt zunächst einmal davon ab, was man genau darunter versteht. Ist damit etwas Besitzergreifendes gemeint, eine Form von emotionaler Abhängigkeit, oder eher ein flüchtiger, oberflächlicher Zustand?

Ich möchte nicht lange an der Bedeutung des Begriffs herumdeuteln, kann aber mit voller Überzeugung sagen, dass auf jeden Fall viel Liebe zwischen ihnen war.

Eine solche Liebe - ganz groß geschrieben - verdrängte natürlich jede Form von gewöhnlicher Verliebtheit, das versteht sich wohl von selbst. Ich meine damit eine Verliebtheit, die im Wesentlichen besitzergreifend ist.

Die tantrische Auffassung von Liebe impliziert eine so nachhaltige Reinigung des menschlichen Geistes, dass man sie losgelöst von den Trieben und Grundbedürfnissen betrachten muss, die mit der Inkarnation einhergehen.

So betrachtet sind Mann und Frau in erster Linie Weggefährten, welche dieselbe Richtung eingeschlagen haben. Bei aller Nähe werden Gefühle, und seien sie noch so stark, dem gemeinsamen Ziel untergeordnet.

Es geht um das Menschliche auf der Suche nach dem Übermenschlichen ... wenn nicht gar um das Vormenschliche auf seinem Weg zum wahren Menschsein!

Eine Beziehung auf diesem Niveau bedeutet bei einem solchen Paar freilich nicht Gefühlskälte und freudlose Disziplin zugunsten der Größe und Bedeutung des angestrebten Ziels.

Jeshua und Miriam von Magdala waren unterschiedliche Persönlichkeiten. Doch als heiliges Paar waren beide freudige Wesen, die viel mehr Begeisterung ausstrahlten als Strenge.

Christus liebte und respektierte das Leben und huldigte all seinen Ausdrucksformen. Also lehrte Er alle, die Ihm nahe kamen, diese Art zu sein.

In meinen Augen ist es eine Form von Verrat, dass im Chorraum der meisten Kirchen ausgerechnet ein Kreuz hängt.

Ein Priester, dem aufgefallen war, dass da einiges in die Irre geht, hat es einmal in ganz einfache Worte gefasst: "Wenn man in eine Kirche kommt und dort ein Gekreuzigter hängt, wie soll man sich denn da vorstellen können, dass er für die Liebe und das Leben steht?"

Diese etwas desillusionierte Äußerung ist nicht nur ein Hinweis darauf, dass es wirklich eine Schande ist, sie deckt vielmehr einen ganz massiven Widerspruch auf.

Ob der Rabbi Jeshua offiziell mit Miriam verheiratet war, halte ich für wenig bedeutsam.

Was zählt, ist, dass die Energie, die beide entwickelt haben - gemeinsam oder jeder für sich - eine wunderbare Verwandlungskraft beinhaltet. Es ist eine erhebende Kraft, eine Kraft der Durchgeistigung. Sie stiftet die Verbindung zwischen dem, was man traditionell das Vertikale und das Horizontale nennt - die Verbindung zwischen Feuer und Wasser.

Wenn man sich ein wenig mit dem symbolischen Gehalt dieser beiden Elemente und ihren chemischen Eigenschaften befasst, stellt man fest, dass ihre Verbindung in jedem Fall Dampf erzeugt. Die Natur spricht ihre eigene Sprache ... Unter dem Einfluss von Feuer 'steigt Wasser auf', genau wie sich unsere 'horizontale Wirklichkeit' unter dem Einfluss des Geistes erhebt und in die Form von Kundalini übergeht.

So wird aus der am Boden kriechenden Giftschlage der Dualität die Kobra, die sich zum Himmel erhebt und die Einweihung bewirkt.

Ich möchte nun eine Frage aufwerfen, die viele "häretische" Forscher übergangen haben, aber auch Mystiker, denen bewusst war, dass der Meister Jeshua am Kreuz ganz offensichtlich nicht gestorben ist, sondern, nachdem Er sein Werk in der Öffentlichkeit vollendet hatte, in aller Stille weitergelebt hat.

Die Frage lautet: Warum sollte der Meister, nachdem Er seine Verletzungen überlebt hatte, sich von Miriam trennen und zwar so radikal, dass sie einige Jahre später ganz alleine - oder doch fast alleine - an Galliens Ufern auftaucht und ihren Lebensabend schließlich bei Marseille in einer Grotte verbringt, die man heute Sainte Baume nennt.

Wenn sie wirklich Mann und Frau waren, wie man inzwischen annimmt - es ist ja eine These - oder zumindest eine tiefe Liebe sie verband, dann ist es schwer zu verstehen, warum sie ihren Weg nicht im Verborgenen gemeinsam fortgesetzt haben.

Das ist nicht leicht zu beantworten und auch über die Akasha-Annalen nicht zugänglich. Es ist, als wolle man diesen 'Bereich' aus dem Leben des Meisters und Miriams noch unter Verschluss halten. Bevor die Vergangenheit sich nicht öffnet, und zwar genau in einem vom Göttlichen bestimmten Moment, kann man darüber nur spekulieren und versuchen, logische Schlüsse zu ziehen.

Denken wir also einmal darüber nach ... Wenn man davon ausgeht, dass die Liebe zwischen Miriam und Jeshua ungebrochen war, was hat dann wohl ihre Trennung herbeigeführt? Meine Antwort lautet: Eine drastische Veränderung des Meisters im Verhältnis zu seinem eigenen Leben und der Welt.

Ich habe schon oft versucht zu erklären, wie der Geist des Christus und des Logos seinen Körper und sein Bewusstsein während der Marter am Kreuz verlassen haben. Das war wohl auch der Grund, warum Er gerufen hat: "Warum hast Du mich verlassen?" Wenn man sich vor Augen hält, was für ein Schock es sein muss, von zwei Kräften kosmischen Ausmaßes verlassen zu werden, lässt sich erahnen, was geschehen ist.

Es ist schwer vorstellbar, dass ein inkarniertes Wesen dieses Phänomen seelisch und körperlich durchlebt und dabei völlig 'intakt' bleibt, ohne eine tief greifende Veränderung durchzumachen. Ein solcher energetischer Schock muss zwangsläufig ein Gefühl der Leere hervorrufen. Infolgedessen geht man in eine andere 'Phase' seiner Inkarnation über, allein schon um in unserer Welt *überleben* zu können.

Als der Meister Jeshua seinen Jüngern kurz nach der Kreuzigung erscheint, ist er noch ganz erfüllt von der Göttlichen Gegenwart, die Er empfangen und über Jahre weitergegeben hatte. Er hat die ruhige und souveräne Ausstrahlung von Jemand, der ein unglaubliches Werk vollbracht hat. Er leidet in diesem Moment noch nicht unter dem "Post-Missions-Schock", den Er aber wohl durchmachen muss.

All das sind nur Vermutungen von mir. Sie stützen sich jedoch auf Bemerkungen, die Johannes mir gegenüber gemacht hat und an die ich mich noch genau erinnere. Er war ja einer der wenigen, die den Meister im Karmel besuchen konnten, wohin Er sich nach seinem offiziellen Tod am Kreuz für lange Zeit zurückgezogen hatte.

"Es ist seltsam, der Meister spricht kaum noch. Er ist unendlich sanft, aber seine Augen sind nicht mehr von dieser Welt ...

Ich meine ... seit seiner Rückkehr hat Er mich nie mehr angesehen wie ein Mensch, der mit beiden Beinen fest im Leben steht. Ich habe den Eindruck, dass Er eher durch mich hindurchsieht und dabei einen Horizont sucht, an den Er sich erinnert, der jedoch nicht von dieser Welt ist. Mit seinem Körper, der nach Rosen riecht, und seinen Worten aus Licht bleibt Er bei uns. Er führt uns auch weiterhin ... doch ein Teil von Ihm ist schon weit weg ..."

Ich konnte diese Worte damals weder richtig einordnen noch ihre Bedeutung ermessen. Erst heute wird mir langsam klar, welche Vertraulichkeit in ihnen lag.

Als Zeitzeuge möchte ich hier noch einmal betonen, dass ich gerade auch den Menschen in Jesus bewundere und verehre, einen Menschen, der alles riskiert hat, damit sich alles ändert.

Es würde mich nicht überraschen, wenn der Meister in gewisser Weise traumatisiert war, nachdem Er seine offizielle Mission erfüllt hatte und über Monate ein Meer an innerer Einsamkeit durchqueren musste. Es schmälert seine Größe in keiner Weise, das einmal in den Blick zu nehmen. Vielmehr wird einem erst so eigentlich klar, welch beeindruckende Energie Er über Jahre auf sich geladen hatte.

Was für einen Wert hätte ein Meister der Weisheit, der mitten unter uns geboren wäre, ohne jedoch für körperliches und seelisches Leid, für Risiko und Zweifel empfänglich zu sein? Oder aber für Einsamkeit und für die Tatsache, dass seine spirituellen Bemühungen der Verfolgung ausgesetzt sind. Er wäre dann nichts anderes, als ein vorprogrammierter Roboter, von dem man nicht viel lernen könnte, schon weil er viel zu kalt wäre.

Gerade das zutiefst und ewig Menschliche berührt uns am Göttlichen, wenn Es auf die Erde kommt ... genau wie umgekehrt die Spur des Göttlichen das Rührende am Menschlichen ist, wenn es beginnt, kristallklar und rein zu werden.

Würde das Eine nicht den Gesang des Anderen beinhalten, würde sich die Entwicklung der ganzen Schöpfung verlangsamen ...

Um noch einmal auf die Trennung von Jeshua und Miriam zurückzukommen, so habe ich das Gefühl, dass man den Grund dafür einfach in der Verwandlung sehen muss, die der Meister zwangsläufig durchgemacht hat.

Wahrscheinlich haben beide Seiten diese Trennung mit jener Kraft, die echten tantrischen Paaren eigen ist, als eine unvermeidliche Tatsache befürwortet.

Diese Kraft zu besitzen, heißt nicht, dass man nicht leidet. Doch sie entspringt aus der lichtvollen Ruhe und Abgeklärtheit, die jenseits dieser Prüfung des Lebens bereits heraufdämmert.

Jesus in Kaschmir?

Auf die Gefahr hin noch ein paar Leute zu schockieren, möchte ich anfügen, dass es mich nicht wundern würde, wenn Jesus nach seinem langen Aufenthalt im Karmel wieder nach Indien zurückgekehrt wäre und zwar nach Kaschmir, um dort zu leben. Ich bin überzeugt davon, dass Er sich nicht alleine auf den Weg gemacht hat, der für Ihn wohl eine Rückkehr zu seinen Ursprüngen war.

Ein paar sehr alte indische Schriften besagen, dass vor zweitausend Jahren ein Meister der Weisheit mit seiner Frau und ihren gemeinsamen Kindern ins Land gekommen sei. Eine entsprechende mündliche Überlieferung, die noch vor wenigen Jahren in der Region Srinagar in Kaschmir lebendig war, berichtet dasselbe. Diesen Texten zufolge hieß der genannte Meister ... *Issa*.

Das klingt sehr ähnlich wie Jeshua, das muss man schon sagen, gerade wenn man den kulturellen Unterschied in Hinblick auf Sprache und Aussprache in Betracht zieht.

Es ist verwunderlich, dass einzig und allein das christliche Abendland es für unvereinbar hält, ein vollgültiges Leben als inkarnierter Mensch zu führen und zugleich einen göttlichen Auftrag zu erfüllen. Hier zeigt sich das ganze Ausmaß der Schäden, die die jahrhundertelange systematische Trennung von Körper und Geist - der Dualismus - angerichtet haben.

Man könnte nun einwenden, dass die These, Jeshua habe seinen Lebensabend in Kaschmir verbracht, im Widerspruch dazu steht, was in den "Essener Erinnerungen" erwähnt wird.[41]

Das stimmt und hat folgenden Grund: Zum Zeitpunkt der Schlussredaktion dieses Werks, hatte ich Zugang zu Bildern aus der Akasha-Chronik aus verschiedenen Epochen. Die erste Periode würde ich etwa sechzig oder siebzig Jahre nach der Kreuzigung situieren. Ich bekam mit, was die Schüler der Jünger Christi sich erzählten. Das Volk hingegen glaubte damals bereits an die Auferstehung.

Die zweite Serie von Gegebenheiten und Bildern erschloss sich mir ganz spontan. Sie stammt aus der Zeit der allerersten Tempelritter und zeigt deren Debatten mit Christen, vermutlich sind es Kopten. Ich habe davon Zeugnis abgelegt, jedoch ohne allzu sehr ins Detail zu gehen. Da das Gedächtnis der Zeit sich dazu nicht von selbst weiter öffnete, hielt ich es damals auch nicht für angebracht, weiter zu forschen.

41) Ich möchte in diesem Zusammenhang daran erinnern, dass dieses Zeugnis in den Jahren 1981–1984 geschrieben wurde, also zu einer Zeit, zu der die Wahrnehmung Christi noch sehr dogmatisch und traditionell geprägt war.

Nun, fast ein Vierteljahrhundert 'Akasha-Erfahrung' reicher, bin ich mir sicher, dass der Meister und seine engsten Vertrauten die Spuren alsbald selbst verwischten und Nachrichten durchsickern ließen, die zwar einem kleinen Kreis vorbehalten waren, die Menschen jedoch insgesamt davon abhielten, weiter nach ihnen zu suchen. Denn es gab Leute, die Ihm noch Jahre, nachdem Er offiziell von uns gegangen war, bis in den Himalaya gefolgt wären.

Die These, Er habe sich endgültig in den Karmel zurückgezogen, und sei dann viel später freiwillig ins Jenseits aufgestiegen, ist also von einem sehr kleinen Kreis von Menschen unter anderen 'ausgewählt' worden. Das habe ich 1984 erfahren, als ich das Buch gerade beendet hatte.

Wir mussten also warten, bis ich mich viele Jahre später ins Evangelium Maria-Magdalenas vertiefte und Zugang zu weiteren Informationen bekam, die wohl viel eher den Tatsachen entsprechen.

Dann hörte ich Miriam von Magdala selbst im vertrauten Gespräch mit einer Freundin. So kam ich mit meiner persönlichen Suche weiter ...

Angesichts der faszinierenden und zutiefst beeindruckenden Strahlkraft des Meisters ist es doch einleuchtend, dass vor zweitausend Jahren die entsprechenden Vorkehrungen getroffen wurden, um sein Fortgehen zu verschleiern. Das lässt sich abschließend wohl sagen.

Der Tod eines großen Wesens wirkt manchmal stärker auf das kollektive Unbewusste als sein Leben. Er wird dann zum krönenden Abschluss, der diesen Menschen nur noch größer macht. So war es wohl auch bei Mahatma Gandhi – historisch etwas näher an unserer Zeit –, dessen gewaltsames Ende einen so großen Eindruck auf die Massen machte, dass sein Werk dadurch erheblich aufgewertet wurde ... Trug ein solcher Tod nicht viel mehr zu seiner Verherrlichung bei, als wenn er friedlich im Bett gestorben wäre?

Das Schicksal Christi

Was wusste der Meister von seinem Schicksal? Hat Er die Marter am Kreuz vorhergesehen oder gar selbst bewirkt? Auch diese Fragen sind berechtigt. Anders gewendet, wäre die Kreuzigung vermeidbar gewesen? War sie letztlich gewollt? Hat Er sie angenommen wie ein Schicksal ... wie eine heilige Pflicht, um die man schon lange zuvor weiß?

Wenn ich an kurze, beiläufige Unterhaltungen mit Jeshua zurückdenke oder an Dinge, die Er uns zuweilen anvertraute, glaube ich sagen zu können, dass Er weder seine Mission noch sein Schicksal von Anfang an vollständig vorausahnte.

Er ließ uns in der Tat wissen, dass sich Ihm der Weg, den Er zu gehen hatte, erst allmählich auftat. Der Schleier hatte sich erst einige Tage nach der Jordantaufe gelüftet und so manches erkannte Er erst mit der Zeit. Es wurde Ihm nach und nach also immer mehr bewusst.

Er sagte, Er befinde sich auf einem "Feuerwagen" und wolle seinem unausweichlichen Lauf willig folgen. Es wäre ein Irrtum zu glauben, der Meister habe alles, was Ihn erwartete, lange im Voraus gewusst. Diese Vermutung habe ich gelegentlich gehört.

Andererseits kann man durchaus sagen, dass Er mehr oder weniger aktiv an einer globalen Inszenierung mitgearbeitet hat, die seine Marter unvermeidlich machte. Schließlich steckte Er die alten, überkommenen Denkmuster der Menschheit von Monat zu Monat immer heftiger in Brand. Es war, wie wenn man eine Feder anspannt und dabei genau weiß, dass sie irgendwann zurückschnellen wird.

Das Menschliche in Ihm hat also wahrscheinlich mehr gelitten, als Er uns gegenüber durchblicken ließ.

Die Kraft des Meisters war so stark, dass wir schon mehrere Monate vor seiner Verhaftung nur noch den inkarnierten Gott in Ihm sahen. Zugleich wurde Ihm zunehmend klar, dass seine Prüfung kurz bevorstand.

Die offiziellen Schriften erwähnen dieses Leid in der Erzählung von seiner Nacht auf dem Ölberg, das muss man ihnen lassen. Unerwähnt bleibt jedoch, dass Jeshua an der Inszenierung seiner Tötung aktiv mitgearbeitet hat. Er wird im Wesentlichen als Opfer unserer gemeinen, undankbaren Welt dargestellt, obwohl Er an der Art seines Scheidens aktiv beteiligt war und in weiten Teilen selbst darüber bestimmt hat.

Auch uns, seinen Jüngern, war gegen Ende hellauf bewusst, wie dramatisch die Lage war, in die Er sich gebrachte hatte. Wir sagten es Ihm, doch Er antwortete nicht. Allerdings gab Er uns immer wieder ganz eindringlich zu verstehen, dass wir, was auch immer geschehe, nicht denken sollten, Er würde sich opfern - zumindest nicht im üblichen Sinne.

Heute versteht man unter einem Opfer ja meist etwas, das mit Zwang und Schmerz einhergeht, also mit einem Vergessen seiner selbst. Etymologisch bedeutet es jedoch nichts anderes als "heilig machen"[42].

42) Daniel Meurois spielt hier auf die semantische Nähe von 'sacrifice' und 'rendre sacré' im Französischen an. (Anmerkung der Übersetzerin)

Christus wollte uns nahe bringen, dass Er mit seinem Opfer vollkommen einverstanden und seine Seele - der zwangsläufigen Reaktionen seines Körpers ungeachtet - folglich freudig gestimmt war.

Für Ihn stand fest, dass Er sich nicht im tragischen Sinne opferte, sondern sein gesamtes Wesen an den übergeordneten, höchsten Sinn des Lebens hingab. Deshalb sollte nichts an seinem Passionsweg Trauer auslösen.

Er hatte freilich eine ganz andere Auffassung von Freude, als wir sie kennen.

Er lehrte uns, dass Er äußerlich ernst sein oder sogar leiden konnte, wenn es der Situation angemessen war, innerlich aber doch in der Freude blieb. So trauerte Er etwa ganz offensichtlich, als Er die Nachricht von der Enthauptung Johannes des Täufers erhielt.

Die Freude aber kam Ihm zufolge aus seinem unerschütterlichen Vertrauen in die Genauigkeit des Lebens und die ständige, innige Nähe zu seinem Vater.

“Es kann vorkommen, dass mein Körper leidet oder weint”, sagte Er. “Doch meine Seele findet nur Gründe zur Freude, denn sie geht ihren Weg, folgt ihrer Seelenbahn und erfüllt Tag für Tag das, was sein soll.”

In diesen wenigen Worten lag für mich eine der größten Lehren des Meisters überhaupt. Leider gehört sie zu jenen, die uns am wenigsten überliefert wurden. Es erfordert keinen besonderen Scharfblick, um festzustellen, dass Freude nicht der hervorstechende Wesenszug des Christentums ist. Das sind schon eher Schuld und Sühne.

Warum die Kreuzigung stattfinden musste

Wir müssen uns nun die Frage nach dem Grund für Jeshuas Leiden stellen, vor allem, wenn es Gottes Wille war. Das Bewusstsein der Massen zu prägen, war gewiss nicht das einzige Ziel der Kreuzigung. Die Kirche sagt uns, ohne das weiter zu erläutern, sie hätte stattgefunden, um uns von "unseren Sünden zu erlösen". Es überrascht mich, dass wir uns zweitausend Jahre lang mit dieser Erklärung zufriedengegeben haben.

Wenn man auch nur ein Minimum an Logik ins Spiel bringt, ist doch völlig unverständlich, warum jene Kraft, die man Gott nennt, die ja durch und durch gütig ist, es für nötig befunden haben soll, ein Wesen - und zwar ausgerechnet den eigenen Sohn - einer Folter zu unterziehen, die Ihn sozusagen ausbluten lässt.

Das ist ein Akt der Grausamkeit, der jeglicher Vernunft entbehrt. So gesehen wäre es viel eher ein barbarisches Ritual als ein Ausdruck von Liebe. Die Behauptung, ein solcher Tod würde unsere Sünden sühnen, erklärt gar nichts. Das ist, wie eine Möwe zu definieren, indem man sagt, sie gehöre zu den Seemöwen, diese aber zu den Albatrossen. Damit ist nichts erklärt. Die Frage wird nur verschoben.

Ich erinnere mich, dass Joseph von Arimathia selbst, der Onkel des Meisters, wesentlich zur Klärung der Frage beitrug. Es war am Tag nach Golgatha, wir waren vollkommen verzweifelt und fühlten uns verwaist. Wir hatten nicht nur Christus verloren, wir waren auch unseres Lebenssinns beraubt.

Nach Tagen voll von Angst, Diskussionen und heimlichen Aktionen zur Befreiung des Meisters, waren wir völlig erschöpft. Wir hatten nicht einmal mehr Tränen. Nur unsere Herzen weinten bitterlich. Sie waren ganz leer. Eine Frage trieb uns vor allem um: *Warum?*

Und da spendete Joseph von Arimathia uns Trost, mit Worten, die damals angemessen waren, und zwar fasste er das Problem auf energetischer Ebene. Man muss nämlich wissen, dass die Vorstellung einer Vergebung der Sünden für uns damals überhaupt keine Rolle spielte. Jeshua hatte in keiner Weise erwähnt, dass Er etwa dafür sein Leben geben müsse.

Und so wurde uns die Kreuzigung folgendermaßen erklärt: Um die Menschheit von der Last eines kollektiven Karmas zu befreien, das sich in tausenden von Jahren angesammelt hatte, musste der Erde ein heftiger energetischer Schock versetzt werden. Dieser Schock bestand nun darin, dass ein übermenschliches Sonnenwesen - der Christus-Logos - in einen menschlichen Körper eingezogen war - ihn dann aber auch schlagartig wieder verlassen und so die Reste des kollektiven Karmas mitgenommen hatte, die der Menschheit zu schwer geworden waren.

Mithilfe dieser Erklärung verstanden wir besser, dass Karma nicht nur eine schöne philosophische Vorstellung war, sondern wirklich eine Art psychisch-energetischer Masse, etwas wie ein Spinnennetz, das unserer Seelenhaut anhaftete und mit 'klebrigen Fasern' die Öffnung unserer Herzen verschloss.

Mit anderen Worten, indem der Geist Christi plötzlich aus Jeshuas Körper herausfuhr, wurden die Schlacken der menschlichen Vergangenheit, die sich in der planetarischen Aura angesammelt hatten, mit herausgesogen.

Es ist hier freilich von einem Phänomen die Rede, das die gesamte, in ihren Schwächen und Unzulänglichkeiten befangene Menschheit betrifft.

'Vergebung der Sünden' heißt in diesem Zusammenhang eine Reinigung und Befreiung des kollektiven Bewusstseins, wie man es - modern und etwas gewagt ausgedrückt - mit einem Computer macht, wenn man ein Anti-Viren-Programm laufen lässt. Er wird gesäubert und kann weiterarbeiten.

In diesem Sinne war Christus im Bereich des Heiligen, also auf feinstofflicher Ebene, das entscheidende Heilmittel gegen die Lähmung, welche zu einer Ausbreitung 'des Schattens' im menschlichen Bewusstsein geführt hatte.

Damit hat Er jedoch keinen einzigen Menschen von seinem individuellen Karma befreit. Jeder trägt noch immer die volle Verantwortung für sein Handeln.

Es ging vielmehr um die allgemeine karmische Last, die sich im Laufe von zehntausend Jahren - seit dem Untergang von Atlantis, also seit der großen Reinigung, die man Sintflut nennt - in der Menschheit angesammelt hatte.

Ein solches Ereignis kosmischen Ausmaßes auf der Ebene der Schwingungsfrequenz ist freilich nur im Zuge einer gigantischen Welle von Liebe in ihrer irdischen Ausdrucksform vorstellbar.

Das berühmte Wort des Meisters am Kreuz versucht das zu fassen: "Vater, vergib ihnen, denn sie wissen nicht, was sie tun ..."

Nach meiner Erinnerung hat Jeshua, der sehr erschöpft war und Schwierigkeiten hatte, zu sprechen, jedoch etwas anderes gesagt. Wir hörten: "Öffne ihnen die Augen, denn sie verstehen nicht, worum es geht."

Das ist etwas ganz anderes. Warum sollte man Gott, der nach allem, was man uns gelehrt hat, unendlich gut ist, um Verzeihung bitten, wenn Ihm doch jede Rachsucht und jedes Bedürfnis zu strafen völlig fremd sein müssen.

Wenn man für etwas um Vergebung bitten muss, so kann das allein unser Bewusstsein betreffen ... mit dem wir uns eines Tages wohl oder übel auseinandersetzen müssen.

Bei der Bitte um das 'Öffnen der Augen' geht es ganz einfach um die Verbindung von Kopf und Herz, um das Verständnis beider.

Das ist nicht dasselbe, denn es hat nichts mit Schuld zu tun. Jemand, der nicht versteht, wird nicht bestraft ... vielmehr wird man sich darum bemühen, ihn zu erziehen.

Wenn der Meister Jeshua Schläge hingenommen hat, so geschah das in einem Zustand vollkommenen Vertrauens und absoluter Liebe und sicherlich nicht, um Jahrtausende voller Geißelung, Buße und Reue einzuläuten.

Weder Gott noch Christus haben es nötig, dass man sie um Verzeihung bittet oder Buße tut, um eine 'Schuld zu begleichen' - und auch der Meister Jeshua nicht.

Jede Art von Reue und der Wille, geistig zu wachsen, können sich stets nur auf uns selbst beziehen. Was sich da gegenübersteht, ist nichts anderes, als das reine Strahlen der tiefsten Erinnerung an das Göttliche in unserem Herzen und unsere irdische Persönlichkeit, die so oft im Trüben fischt, weil sie ihre Herkunft vergessen hat.

Das Blut des Meisters Jeshua hat nichts mit der 'Vergebung der Sünden' zu tun, die man uns vorgaukelt, auch wenn die Substanz dieses Blutes natürlich eine ganz besondere Schwingung hatte. Es ist sein symbolischer Gehalt, der Anlass zum Nachdenken gibt, selbst wenn düstere Konnotationen in ihm mitschwingen, die im Widerspruch zur Welle des Lebens - nicht aber des Leides - stehen, die durch Christus wieder angestoßen wurde.

Was das Blut betrifft, möchte ich noch auf einen anderen, gleichsam 'historischen' Irrtum hinweisen, der von der offiziellen Tradition geschürt wurde. Man will uns weismachen, dass Jeshuas Körper am Kreuz völlig ausgeblutet sei. Dabei wird stets der letzte Tropfen Flüssigkeit als Beweis herangezogen, der nach dem Lanzenstoß des Legionärs Longinus aus Seiner Wunde floss.

Nichts davon stimmt. So grausam diese Martermethode auch sein mag - an ein Kreuz genagelt zu werden schafft keine Wunden, an denen man verblutet. Der Verurteilte erstickt vielmehr unter fürchterlichen Qualen, weil sein Körper allmählich nicht mehr in der Lage ist, zu atmen.

Im Falle des Meisters Jeshua sollte der Lanzenstoß in seine Flanke nicht sein Herz durchbohren. Er war ganz gezielt unter das Zwerchfell gesetzt worden, um einen Pneumo-Thorax auszulösen. Auf diese Weise rettete er Ihm das Leben. So konnte Flüssigkeit aus der Wunde abfließen und der Meister seine Atmung in abgeschwächter Form aufrechterhalten, als Er ins Koma fiel.

Ich möchte die Abnahme vom Kreuz hier nicht weiter erläutern. Auch auf die Grablegung und Auferstehung möchte ich nicht näher eingehen. Letztere müsste man ja eher als Regeneration bezeichnen. Von alledem habe ich an anderer Stelle schon ausführlich Zeugnis abgelegt.[43]

Das 'Karma' des Meisters

Es erscheint mir sinnvoller, nun einen Begriff ins Spiel zu bringen, der vielleicht frevelhaft anmuten könnte, es aber verdient, näher betrachtet zu werden ... schon allein weil es Jeshuas ausdrücklicher Wunsch war, den Mut zu haben, mit allen nur denkbaren Fragen umzugehen. Ich meine das 'Karma des Meisters'.

Das mag zunächst anmaßend und widersinnig erscheinen, da ein befreiter Meister der Weisheit und erst recht ein Avatar, nicht mehr an ein persönliches Karma gebunden ist.

Er hat mit niemandem mehr etwas auszufechten und steht so völlig frei im Dienste der Menschheit.

43) Vgl. "Essener Erinnerungen", S. 379-391, Silberschnur Verlag.

Wenn man das jedoch konsequent zu Ende denkt, muss man sich fragen, ob ein solches Wesen nicht zwangsläufig, aufgrund der Folgen seiner Taten, eine erhebliche Reihe von Kettenreaktionen auslöst, die das Karma-Gesetz in ihm wieder zum Tragen bringen.

Heißt es nicht, der Weg zur Hölle sei mit guten Vorsätzen gepflastert?

Wenn man die Auswirkungen des Christentums auf Erden in den letzten zweitausend Jahren einmal ganz nüchtern historisch betrachtet, fällt die Bilanz doch recht traurig, ja sogar ausgesprochen schmerzlich aus.

Da ist zunächst einmal der Mord an einigen Jüngern, die Jeshua am nächsten standen. Im Zuge der ersten Christenverfolgungen gab es Tausende von Toten, und dann sind da noch die unsagbar blutigen 'Heldentaten' der Kreuzzüge. Es wurden Tausende von Scheiterhaufen errichtet, um verschiedenste Formen von 'Gotteslästerung', wie etwa den Katharismus auszurotten. Außerdem möchte ich an die Religionskriege mit all ihrer Dramatik erinnern, die im Grunde noch immer sehr lebendig sind.

Nicht zuletzt werden auch die Millionen von Toten gerne verschwiegen, die auf die Rechnung 'missionarischer' Übergriffe gehen, um auf Biegen und Brechen die 'Seelen der Wilden' zu retten. All das läuft letzten Endes auf ein ungeheures Blutbad und unzählige Ungerechtigkeiten hinaus ... alle im Namen des Christlichen Friedens!

Lässt sich aus diesem kurzen Überblick nun schließen, dass die Mission des Meisters – so rein und lichtvoll sie im Kern auch war – gescheitert ist und Jeshua darum wieder mit einem persönlichen Karma belastet wurde, das Ihn nun an die Menschheit kettet?

Man könnte sich zu dieser Vermutung hinreißen lassen ...

Dennoch ist eine solche Deutung nicht richtig. Um diesen Punkt näher zu beleuchten, möchte ich noch einmal die Worte des Johannes heranziehen ...

Wenige Monate nach der Kreuzigung rief er etwa zwanzig Leute von uns zusammen. Er kam gerade von einem seiner kurzen Besuche beim Meister, der sich insgeheim in den Karmel zurückgezogen hatte.

Er hatte Ihn gefragt, wie man mit den Ausschreitungen umgehen solle, zu denen es im Namen der 'Befreiungsbewegung', die Er wider Willen ausgelöst hatte, an verschiedenen Stellen in Jerusalem gekommen war.

Sie gingen nicht ausschließlich auf die Rechnung der Zeloten. Es kamen noch fanatische Anhänger der Auferstehung des Rabbis Jeshua hinzu. Sie versammelten sich auf öffentlichen Plätzen und so kam es immer wieder zu Zusammenstößen mit kleinen Legionärseinheiten, die vom Sanhedrin angefordert worden waren. Es gab bereits Verletzte, vielleicht sogar Schlimmeres.

Wie konnte ein der Liebe gewidmetes Leben so etwas auslösen? Auch Johannes fühlte sich teilweise dafür verantwortlich, diese Vorkommnisse mit angefacht zu haben. Er machte sich Vorwürfe ...

Von dem, was er uns sagte, habe ich mir Folgendes gemerkt: Der Meister hat mit mir ausführlich über seine Verantwortung für alles, was ich Ihm von den Aufständen erzählt habe, gesprochen. Er sagte, es würde Ihn nicht überraschen, da er schon in den Wochen vor seiner Kreuzigung einige Visionen in dieser Richtung gehabt habe. Es war Ihm aber anzusehen, dass Er sehr darunter litt.

Ich fragte Ihn danach und Er sagte, dass der Mensch in Ihm durchaus leiden würde, Er als Meister aber wisse, dass solches angesichts des Bewusstseinszustandes unserer Welt unvermeidlich war. Ich fragte Ihn daraufhin, ob Er das gerecht fände, da Er ja nur Frieden gewollt habe. Er gab mir zur Antwort, dass es richtig war, zu tun, was Er getan hat. Er sagte, Er habe, um zu säen, einen unfruchtbaren, steinigen Boden bearbeiten müssen. Man könne die Reaktionen der Menschen seinem Wort gegenüber mit den Erdschollen eines trockenen Bodens vergleichen, die eine nach der anderen unter seiner Pflugschar zersprangen.

Dann fügte Er hinzu: "Es gab in dieser Welt etwas wie einen Abszess, eine infizierte Wunde. Um ihn aufzuschneiden, bedurfte es einer Kraft. Was anfangs wehtut, ist das Bewusstsein für diese Entzündung und der Eiter, der aus der Wunde fließt."

"Nur am Anfang, Meister?", fragte ich da.

"Ja, ich sehe es und weiß es aus tiefster Seele", erwiderte Er. "Wenn ein Gefangener nach sehr langer Zeit zum ersten Mal aus seinem finsteren Kerker hervorkommt, erinnert er sich nur dunkel an die Sonne und sehnt sich danach, sie so bald wie möglich wiederzusehen ... Doch wenn seine Augen sie endlich zu Gesicht bekommen, tun sie ihm weh. Er wird geblendet. Doch soll man ihn deswegen etwa nicht freilassen?

Ist seine Befreiung nicht ein Segen, selbst wenn die Sonne ihm noch lange in den Augen brennt? Ist es nicht gut, dass er wieder lernt, in Freiheit zu leben?

Deshalb bin ich zu euch gekommen ... Um euch beizubringen, frische Luft und Sonne wiederzuentdecken ... auch wenn auf dem Weg dorthin eure Seele und euer Körper bluten und leiden müssen."

Und dann erklärte mir der Meister, dass eine Handlung, vor allem, wenn es eine heilige Handlung ist, immer auch ein Wagnis birgt. Doch wenn man kein Risiko eingeht, kommt man über den Zustand des Dahinvegetierens nicht hinaus. "Das Leben selbst", sagte Er, "ist nichts anderes als ein Wagnis, das Gott eingegangen ist."

Hört aber weiter ... Als ich gerade das Gefühl hatte, aufbrechen zu müssen und mich schon von Ihm verabschiedete, bat mich der Meister noch einmal, auf den Steinplatten in seiner Klause Platz zu nehmen. Nun vertraute Er mir an, dass Er wisse, was Er für die Zukunft bewirkt habe, die Verantwortung dafür aber nicht alleine trage. Dann erklärte Er mir, dass Er zu einer Bruderschaft von zwölf Meistern gehöre, die seit unvordenklichen Zeiten über das Schicksal der Menschheit wache.[44] Er sagte mir weiter, dass Er all die Jahre von der Gegenwart der Sonne erleuchtet gewesen sei, weil er von seinen elf 'Brüdern im Geiste' dazu auserwählt worden war, Wortführer der Bruderschaft zu sein und schließlich zum Vorreiter für viele Menschen geworden sei.

"Dann bist du also der Größte unter ihnen, Rabbi?", fragte ich Ihn sofort.

"Glaub das nicht, Johannes ... Bei uns gibt es kein 'groß' oder 'klein'. Wir sind wie die Organe eines lebendigen Körpers. Jeder von uns ist einzig in seiner Art, keiner ist dem anderen überlegen ... Unsere Kräfte vereinigen sich durch das Herzensbewusstsein, das wir in uns tragen. Ich sage dir, dieses Herz liegt außerhalb von unserer Bruderschaft, auch wenn es in ihrer Essenz ständig enthalten ist. Diese gesegnete Sonne hat all die Jahre aus mir gesprochen. Sie verließ mich an jenem Tag, als der Scheitelpunkt meines Schädels sich am Kreuz so stark ausdehnte ...

Ich hatte unter den genannten Zwölf, in einem bestimmten Moment der Geschichte dieser Welt, einfach den Platz, der am besten für diese Rolle geeignet war und so habe ich sie übernommen. Und deshalb, Johannes, liegt die Verantwortung für das, was im Namen des Sohnes unseres Vaters erzeugt wurde, nicht bei mir allein. Ich bin nicht der Einzige, der diese Last zu tragen hat. Sie gehört zum gemeinsamen Bewusstsein der Bruderschaft der Zwölf und damit zu einem anderen Entwicklungssystem, in dem unsere Erde nur eine Blüte unter anderen ist.

44) Es handelt sich hier ganz eindeutig um eine Anspielung auf die Bruderschaft von Shambhala.

Versuch auch das Folgende noch zu verstehen: Wenn unsere zwölf Seelen vereint sind, so bilden sie unter der Flamme eines vereinigten Geistes gleichsam ein einziges Wesen. Dieser Geist hat die Verantwortung übernommen und trägt damit in einer anderen Schöpfungssphäre des Ewigen eine Art Karma.

All das ist ein großes Geheimnis ...

Für dieses Wunder gibt es in keiner menschlichen Sprache Worte. Erst durch die Verschmelzung des Bewusstseins der Einzelnen ist es möglich, in das Geheimnis einzudringen ..."

Das vertraute der Meister mir also an, liebe Freunde, wobei Ihm immer wieder Gefühle die Kehle zuschnürten. Er sagt, die Sonne unseres Vaters habe Ihn verlassen und nun sei Er bloß noch ein Rabbi ... Ich aber sage euch, wenn das stimmt, so hat Er von dieser Sonne einen Glanz im Blick und eine Wärme in der Stimme bewahrt, die Ihn niemals verlassen werden."

Niemand von uns sagte etwas zu dem, was Johannes uns anvertraute. Daran erinnere ich mich noch gut. Was er uns mitgeteilt hatte, war einfach zu groß und zu wichtig für uns. Wir standen noch so stark unter dem Eindruck von Golgatha, der ein Schock für uns gewesen war, dass wir uns vom Meister durchaus genauere Weisungen gewünscht hätten.

Auch wenn Er uns gebeten hatte, Sein Wort weiterzugeben und in seinem Namen zu heilen, um sein Werk fortzusetzen und wir sehr wohl einen unbekannten Lebensodem in unseren Adern spürten, musste sich etwas in uns doch erst neu ordnen ...

Von der Ablehnung der Meister

Ich habe damals viel über Verrat und Verlassenwerden nachgedacht. Dabei war es nicht einmal so sehr die Rolle von Judas Iskariot, die mich beschäftigte, denn ich ahnte, dass dabei Dinge mitspielten, die wir noch nicht begreifen konnten. Was mich aber wirklich schockierte war jener andere Verrat, der eigentliche, den ein Großteil des Volks von Jerusalem beging. Wie konnten so viele Menschen, von denen die meisten den Meister respektiert, wenn nicht gar verehrt hatten, sich offen von Ihm abwenden oder zumindest wegsehen, als Er verurteilt wurde?

Damals habe ich das nicht verstanden. Doch heute erscheint es mir ganz klar und einfach. Vielleicht lässt es sich so zusammenfassen: menschliche Dummheit ... Allerdings ist der Ausdruck 'Dummheit' viel zu vage und zu ungenau, um ihn nicht ein wenig unter die Lupe zu nehmen. Alle Meister der Weisheit und ihre Schüler waren im Laufe der Geschichte mit demselben Problem konfrontiert: Mit dem fehlenden Bewusstsein der Massen sowie mit grassierender Eifersucht und Feigheit.

Wenn ein Wesen das menschliche Denken in seinem sensibelsten Bereich - der Verbindung zum Göttlichen - revolutionieren will, so wird dieses Wesen, ganz gleich, ob es bezaubert oder irritiert, auf jeden Fall faszinieren. Faszination führt aber leider nicht immer zu aktivem Zuhören und Verstehen, im Gegenteil. Der Mensch neigt in diesem Fall eher zu blindwütiger Anbetung oder Ablehnung, also letztlich zu Fanatismus.

Dieser wird meist eher von der außergewöhnlichen Persönlichkeit des Überbringers der Botschaft ausgelöst, als von der Botschaft selbst. Was Er ausstrahlt, was in Ihm lebt, bannt meist mehr als seine Worte oder Taten. So sind seine Anhänger und Gegner schon von seiner bloßen Anwesenheit und eigentümlich lichtvollen Ausstrahlung erschüttert.

Ich verwende das Wort Anhänger oder auch Verteidiger, weil ein Anhänger einem Bewunderer vergleichbar ist.

Er beschäftigt sich nicht tief greifend mit dem, was der Lehrende vorträgt, Er folgt ihm nicht wirklich. So dringt er zum wahren Gehalt gar nicht vor. Er bleibt Zuschauer, mit all den seelischen Zuständen, die das mit sich bringt und damit der Mode des Augenblicks unterworfen.

Entgegen dem Anschein, gelingt es dem Anhänger schwer, Bewusstsein zu entwickeln. Da er selbst nicht weiter darüber nachdenkt, steht er zwangsläufig unter dem Einfluss eines Egregors, der grobe und unreife Reaktionsweisen an den Tag legt ... daher kommt auch seine Feigheit. Er ist einfach nicht in der Lage, den vom Meister aufgezeigten Entwicklungsweg voll zu verstehen.

So entsteht, als eine Art Rache, bei vielen der Neid als Gegenbewegung zur unbewussten Angst vor der 'Abnormität' des Lehrers. Der innere Monolog, der dabei geführt wird, lautet dann in etwa so: "Ach, Er wusste doch so viel, Er hat die Welt doch so sehr von oben herab betrachtet - na *endlich* steckt auch Er einmal in Schwierigkeiten."

Einen Meister, den man nicht einordnen kann, weil Er in keine Kategorie passt, dergestalt abzukanzeln ist im Grunde ein Versuch, Ihn greifbar zu machen. Es gibt Sicherheit.

Wer eingefahrene Gefühlsschienen und Denkschemata aufbricht, stiftet Verwirrung und bringt damit die gesellschaftliche Sicherheit und Bequemlichkeit in Gefahr.

Im Grunde sind alle auf der Suche nach Glück, die wenigsten aber wagen es, ihre eigenen schlechten Gewohnheiten, unter denen sie leiden und die sie lähmen, infrage zu stellen, um sich einen neuen inneren Kontinent zu erschließen.

Diese Angst, dieser Mangel an Mut, ist vielleicht die entscheidende Krankheit, von der unsere Welt befallen ist.

Es wäre irrig zu glauben, der Meister Jeshua habe Angst nie gekannt.

Ich habe ja schon oft gesagt, dass Er genug Liebe für uns empfand und demütig genug war, um menschlich zu reagieren und uns damit zu zeigen, dass Er sich nicht wesentlich von uns unterschied.

So gemahnte Er uns an unsere Fähigkeit, uns geistig zu erheben und dem Göttlichen zu nähern.

Einer seiner größten Verdienste lag wohl darin, immer wieder die menschlichen Impulse in sich selbst, Kraft seines Willens, auf eine geistige Ebene zu heben.

Er hat es immer wieder laut und deutlich ausgesprochen: “Liebe allein genügt nicht. Man braucht Willenskraft, die einen antreibt. Ohne sie verläuft man sich in Träumen und bewirkt nichts ...”

Dieser Gedanke Christi verweist darauf, wie wichtig Beständigkeit und Beharrlichkeit für geistiges Wachstum und eine Erweiterung des Bewusstseins sind.

Es lässt sich nicht leugnen, dass diese Fähigkeiten dem Menschen tendenziell abgehen ... außer dort, wo sie ihn ins Schwere herabziehen.

Kommen wir nun aber wieder auf die geschichtlichen Tatsachen zurück, die zu Jeshuas Verurteilung führten.

Vom Wankelmut der feigen Menge einmal abgesehen, gab es in den Wochen nach der Kreuzigung zahlreiche Hinweise darauf, dass nur wenige sich ausdrücklich für seinen Tod ausgesprochen hatten.

Das endgültige Urteil wurde in kleinem Kreis gefällt, wobei viele der Anwesenden ad hoc von der religiösen Obrigkeit gekauft worden waren, die eine günstige Gelegenheit witterte, endlich Den loszuwerden, der ihre Macht infrage stellte.

So wurden viele arme Leute, die sich in der Gegend aufhielten, mit ein paar gut platzierten Geldstücken ganz gezielt bestochen. Und doch scheint es heute ganz selbstverständlich, dass all diese menschlichen Verhaltensweisen Teil einer Inszenierung kosmischen Ausmaßes waren, in die man nur sehr begrenzt eingreifen konnte.

Ich erinnere mich, dass wir ein paar Tage nach der Kreuzigung aus sicherer Quelle erfuhren, dass die plötzliche Wendung der Ereignisse sogar Pilatus aus der Fassung brachte. Er fand die Situation einfach absurd und wollte nichts weiter davon hören.

Die Verbreitung der Nachricht

Zwanzig Jahrhunderte später denke ich, dass damit auch alles hätte zu Ende sein können. Die Sonnenfackel, die der Pharao Echnaton etwa fünftausend Jahre zuvor mit ausgestrecktem Arm vor sich hergetragen hatte, war ja auch wieder verloschen.

Genau betrachtet waren nur etwa zwei oder dreihundert Menschen in ganz Palästina von der Nachricht Christi wirklich ergriffen worden. Alle anderen waren mehr oder minder Opportunisten, die lediglich die Gelegenheit nutzten, das Joch der Römischen Besatzung abzuschütteln.

Und doch lässt sich die positive Wirkung nicht leugnen, die sie auf das Andenken Christi hatten. So bildete sich eine kleine Schar von Anhängern, die erheblich zu seiner Verbreitung beitrug.

Man muss bedenken, dass damals niemand in ‘Christus’ ein geistiges Wesen mit kosmischen Ausmaßen sah.

Dieser Begriff, der aus dem Griechischen stammt, wurde erst später verwendet, also auch erst später zu etwas Heiligem. Das Bild, das sich vom Rabbi Jeshua in Palästina rasch verbreitete, war eher das eines potenziellen Messias - der dem Volk Israel als Prophet und Befreier geschickt worden war - als das eines Götterboten mit planetarischer Mission.

Die christliche Auffassung und Vision, die wir heute haben, hat sich erst mit der Zeit entwickelt, nicht zuletzt angesichts der augenfälligen Tatsachen.

So wurden die zwei- oder dreihundert Menschen - die 'überzeugten Christen', die wir damals schon waren - aus Sicht der politischen Mehrheit vor zweitausend Jahren eher als Schwärmer oder Verrückte eingestuft.

Wie kommt es also, dass unser inneres Feuer unter diesen Bedingungen nicht erloschen ist, unsere Wahrnehmung sich nicht verändert hat?

Unser Herz war einfach viel größer geworden, sogar in Momenten, in denen wir zutiefst entmutigt waren. Das war es wohl. Außerdem half uns der realistische Handlungsplan, den der Meister uns übermittelte. Er kam von der Bruderschaft, die Er Johannes gegenüber erwähnt hatte.

Dieser Realismus basierte auf der genauen Wahrnehmung der momentanen historischen Wirklichkeit und der Mentalität der Bevölkerung Palästinas.

Wenn die christliche Botschaft überleben und die Wirkung haben wollte, die ihr zukam, musste sie sich so schnell wie möglich außer Landes verbreiten ... anderenfalls würde sie, ihrer Leitfigur beraubt, von lokalpatriotischen Einflüssen vereinnahmt und ausgelöscht werden.

Dies ist der Grund dafür, dass die direkten Jünger Christi - welche Ihm mehr oder weniger nahe standen - sich so schnell zerstreuten.

So hat man also Hellsichtigkeit walten lassen und das Problem von einem höheren Standpunkt aus betrachtet, anstatt die althergebrachte Logik anzuwenden, der zufolge es besser ist, bevor man in die Ferne schweift, erst einmal eine solide Grundlage zu schaffen.

Jeshua und seine Brüder aus einer anderen Welt haben sogleich erkannt, dass der Einfluss Christi bald versiegen, ja geradezu 'ersticken' würde, wenn er sich nicht so schnell wie möglich über alle Meere verbreitete. Um zu überleben, musste die Kraft gleichsam explodieren ... genau wie eine Sonne so weit wie möglich strahlen muss, wenn sie nicht ihren Sinn verlieren und implodieren will.

Es war also der Wunsch des Meisters, dass wir auswandern, uns verteilen und in ferne Gegenden ziehen, von denen wir kaum je gehört hatten. Er ließ uns das zwar wissen, doch fand all das in einer ganz besonderen geistigen Atmosphäre statt, die sehr weit davon entfernt war, was man heute unter 'Evangelisierung' und 'Bekehrung' versteht.

Zunächst einmal gab es nichts Schriftliches, auf das wir unsere Autorität oder 'Heiligkeit' hätten stützen können. Im Übrigen war auch nie die Rede davon gewesen, überhaupt eine neue Religion zu begründen.

Das Ziel des Meisters war es, das Bewusstsein der Menschen zu erwecken und diese Aufgabe übertrug Er auch uns. Es ging darum, ihnen ihre Nähe zum Göttlichen bewusst zu machen und ihnen so eine neue Bewusstseinsebene zu eröffnen.

Es war die Mission des historischen Christus - so würde ich es heute ausdrücken - den inneren Christus in jedem Einzelnen von uns zur Entfaltung zu bringen.

Vor zweitausend Jahren wäre es völlig unangebracht gewesen, Jeshuas Lehre auch nur ansatzweise einer Dogmatik zu unterwerfen.

Wir trugen diese Lehre nicht als festgefahrene Formeln und vorgekaute Wahrheiten in uns. Sie war vielmehr getragen von einer Strahlkraft und seelischen Stärke, in denen ihre unmittelbare Herkunft noch deutlich spürbar war.

Bei den Begegnungen, die wir hatten, spielte der Intellekt keine Rolle. Unsere Art zu leben und unsere Hände einzusetzen sprachen für sich. Darin lag der Unterschied, das war neu für die Menschen und so wurden wir gefragt, *Wer* uns das beigebracht hatte und worin seine Botschaft bestand.

Wir folgten dem Beispiel des Meisters und lernten, uns vom Ergebnis unserer Bemühungen, von den Folgen unserer Taten, zu lösen. Wir wollten also niemanden dazu bringen, unbedingt an das zu glauben, was wir vermittelten.

Wir waren vielmehr der Auffassung, dass Glauben an sich keine große Bedeutung hat, da er ohnehin nur das Ergebnis einer allmählichen Prägung ist. Wichtig war uns hingegen, wie die Menschen, die uns empfingen und uns zuhörten, sich langsam öffneten.

Wir wollten nicht, dass sie uns aufs Wort glaubten. Sie sollten vielmehr selbst verschiedene Seinszustände erfahren und eine andere Beziehung zum Leben gewinnen.

Die Wahrheit Christi wollte uns nicht dazu bringen, an etwas Bestimmtes zu glauben und an anderes nicht. Sie wollte uns dazu bewegen, Selbstvertrauen zu haben, weil die Kraft, die aus Christus spricht, in unserem Inneren lebt.

In diesem Sinne war es nicht unsere Absicht, das Netzwerk einer neuen Religion zu errichten. Wir arbeiteten an der Entwicklung einer umfassenden Sensibilität, die einer immer größeren und freieren Liebe zum Ausdruck verhelfen sollte.

Dabei spielte die Auferstehung des Meisters für unser Wirken als Jünger überhaupt keine Rolle. Wir wussten ja, was wirklich geschehen war ... Der "Auferstehungswahn" ist nach und nach ganz von selbst entstanden, einfach weil er einem zentralen Archetyp entspricht, der sich ja auch in bestimmten spirituellen Traditionslinien findet. Er wurde von den selbst ernannten 'ersten und echten' 'Auserwählten Christi' mit propagandistischen Absichten verbreitet.

Ich kann nur immer wieder staunen, wie wichtig die Vorstellung von der Auferstehung für die christliche Religion im Allgemeinen geworden ist.

Es liegt ein himmelschreiender Widerspruch darin, einerseits zu erklären, das Reich Gottes sei nicht von dieser Welt, dann aber doch zu behaupten, Christus sei in seinem Körper wieder lebendig geworden - und schließlich die leibliche Auferstehung aller am Ende der Zeiten zu verkünden! Das ist völlig widersinnig. Wie man es auch immer deuten will, welche theologischen Kunstgriffe man auch geltend macht - auf jeden Fall sind diese unlogischen Behauptungen dem Volk eingebläut worden.

Nun bleibt nur noch die Frage, warum Gallien und speziell die Kelten vom Meister zum Urgefäß seiner Lehre bestimmt wurden. Anders gefragt: Warum sind die Boote von den Küsten Palästinas aus gerade nach Norden gesegelt?

Das wurde uns erklärt, auch wenn wir den eigentlichen Grund erst nach und nach begriffen. Die erste Begründung, die Jeshua uns nannte, war die Schwingungsfrequenz des Bodens in Gallien. Sie schuf Resonanzen, die zu geistiger Unabhängigkeit anregten.

Jede Region des großen 'Körpers' der Erde hat spezifische Eigenschaften, selbst wenn diese sich im Laufe von Jahrtausenden aufgrund von Schwankungen im Bereich der Nadis unseres Planeten verändern.

Der zweite Grund war, dass Jeshua einige Wesenszüge des keltischen Volkes bereits kannte. Sein Onkel, der Schiffsausrüster Joseph von Arimathia, hatte Ihn in seiner Jugend auf Reisen übers Meer nach Cornwall mitgenommen.

Er hat uns einmal ganz kurz davon erzählt, dass Er bei dieser Gelegenheit Anzeichen dafür wahrgenommen hatte, dass die druidische Tradition, so lebendig sie damals auch noch war, bereits im Niedergang begriffen sei.

Aufgrund seiner Kenntnisse dieser Tradition wusste Er, dass es nicht nur sinnvoll und plausibel war, seine Lehre ins Gebiet der keltischen Kultur zu bringen, sondern auf dem Hintergrund des Karmas der Völker sogar eine Notwendigkeit darstellte.

Während der Jahre, die Er offiziell unter uns weilte, habe ich den Meister zuweilen voller Freude erzählen hören, was Er von den Religionen unserer Welt wusste. Daran erinnere ich mich noch gut. Er wusste wirklich viel, das muss man schon sagen! Er sprach leidenschaftlich gerne darüber, fast so, als habe Er früher einmal selbst in den Kulturkreisen all dieser Religionen gelebt ... Eines Tages gab Er es auch zu, als sein Bruder Thomas Ihn ganz direkt danach fragte.

Aus seiner Sicht gingen die verschiedenen Glaubensrichtungen auseinander hervor. Sie lösten einander im Laufe der Jahre bei der Arbeit am menschlichen Bewusstsein ab und zwar je nachdem, wie weit die Menschheit bereits entwickelt war. Sie standen also in Verbindung zu Stagnation und Fortschritt des Menschen.

Hoffte Jeshua also, dass aus seinem Erscheinen auf Erden gerade keine Religion hervorgehen würde? Ja, das hoffte Er ... hielt es aber nicht für möglich. Das vertraute Er Johannes bei ihrer letzten Begegnung an. Er sagte, Er sei überzeugt davon, dass sein Wort erst einmal erstarren würde und mindestens "zweitausend Jahre vergehen müssten", bevor die Mehrzahl der Menschen sein Feuer wieder aufnehmen könnte.

Was soll man dazu noch sagen, außer, dass wir offensichtlich an dieser Zeitenschwelle angelangt sind ...

Die Wagnisse, die immer mehr Menschen bereit sind, als Forscher oder Mystiker einzugehen, indem sie die Geschichte neu lesen oder in die Akasha-Chronik eindringen, weisen fraglos in diese Richtung.

Ein riesiges Gebäude an Verzerrungen, Versäumnissen und Lügen bricht gerade von selbst in sich zusammen. Ob es uns gefällt oder nicht, die Evolution - die Entwicklung - und das Erblühen des Geistes drängen einfach in diese Richtung. Es kann nun freilich nicht darum gehen, Schwindel und Betrug den Kampf anzusagen. Das würde der Weisheit christlicher Sanftmut völlig entgegenstehen. Wenn die Maskenträger erschöpft sind, fallen die Masken von selbst.

Dieser Zusammenbruch markiert natürlich nicht das Ende des Christentums. Im Gegenteil, es wird eher als eine von Dogmen zunehmend befreite Herzensbewegung neu entstehen. Vielleicht könnten wir es dann einfach ... Christusnachfolge nennen.

Ich muss sagen, dass immer, wenn diese Erinnerungen in mir aufsteigen und meine Seele von einem Zustand des tiefsten Vertrauens ergriffen wird, wenn ich mich also öffne und völlig überzeugt bin, ... das Gesicht des Meisters mit seinem Lächeln und seinem Blick den ganzen Raum in mir einnimmt ...

Es ist ein Gesicht, das so einzigartig ist und zugleich eine so allgemeingültige Sprache spricht, dass ich hier nicht einmal auf die Idee gekommen wäre, es genauer zu beschreiben.

Es ist sicher besser, wenn jeder von uns es in seinem eigenen Herzen zu fassen versucht, immer wieder aufs Neue, je nachdem wie sehr man gerade in der Lage ist, die vollkommene Liebe aufzunehmen ... eine Liebe, die wirklich absolut ist!

Das hätte Jeshua, der Rabbi, der Meister und der Christus sich sicher gewünscht und wünscht es sich noch ...

Anhang
Zwei Meditationsübungen, die Christus uns gelehrt hat

1. Übung: Die Aktivierung des achten Chakras

Der Meditierende versucht, sich mit der inneren Sonne der Erde zu identifizieren. (Er nimmt sich wahr wie ein im Inneren des Planeten pulsierendes Flammenmeer.)
Dann identifiziert er sich mit der Erde selbst. Er nimmt ihre Hügel und Ebenen, Flüsse und Meere als seine eigenen Organe wahr.
Der Meditierende dehnt die Identifikation nun auf unser Sonnensystem aus. Jeder Planet darin wird zu einem seiner Organe.
Nun identifiziert man sich mit der Sonne und zwar auf der Basis der Wahrnehmung, ein riesiges, schlagendes Herz zu sein.
Dann verbindet der Meditierende sein Bewusstsein mit unserer Galaxie und versucht dabei, völlig mit ihr zu verschmelzen.

Die verschiedenen Sonnensysteme werden dabei zu seinen Organen.
Nun identifiziert er sich mit der gigantischen, pulsierenden Sonne im Zentrum unserer Galaxie.
Anschließend werden dieselben Schritte in aller Ruhe in umgekehrter Richtung durchlaufen und der jeweilige Bewusstseinszustand noch einmal durchlebt. Ziel ist es, sich auf dieser Leiter mit einer gewissen Leichtigkeit auf- und ab bewegen zu können. So wird die Ausdehnung des achten Chakras gefördert.

2. Übung: Die Tauben-Meditation

Auch diese Meditation dient der Entfaltung des achten Chakras.
Die Übung hat Christus uns gelehrt. Sie wurde in der Essener Bruderschaft des Karmel mit am häufigsten praktiziert und geht auf den Pharao Echnaton zurück. Anstatt der Taube benutzte Christus dabei, genau wie Echnaton, den Falken als Symbol. Heute kann jeder selbst entscheiden, was ihm lieber ist ...

Man setzt sich in den Lotos- oder Schneidersitz und legt die Hände mit den Handflächen nach oben auf die Knie.
Dann versucht man etwa einen Meter über seinem Kopf die Anwesenheit einer Taube mit ausgebreiteten Flügeln wahrzunehmen, deren Kopf nach unten zeigt.
Man lässt sie langsam durch den Kronenpunkt des Schädels bis ins Herzchakra hinabgleiten.
Wenn sie auf der Höhe des Herzens angekommen ist, versucht man zu spüren, wie sie ihre Flügel mit dem Atemrhythmus

öffnet und wieder schließt. Damit erschafft man einen ruhigen, langsamen Rhythmus. Beim Einatmen breiten die Flügel sich aus, beim Ausatmen schließen sie sich wieder ...

Nach ein oder zwei Minuten versucht man wahrzunehmen, wie die Flügel der Taube größer werden und sich zunächst bis in die Arme und dann bis in die Hände ausdehnen, während der Brustkorb sich zunehmend wie eine Sonne anfühlt.

Nun faltet man die Hände vor der Brust.

Dann lässt man die Sonne im Brustkorb langsam bis zur Basis des Körpers hinabgleiten und begleitet sie dabei mit den gefalteten Händen.

Schließlich führt man die umgekehrte Bewegung aus: Man lässt also die Sonne wieder bis zur Brust hinaufsteigen und begleitet sie dabei mit gefalteten Händen.

Nun versucht man, diese Sonne noch einmal wie eine Taube wahrzunehmen, die ihre Flügel im Atemrhythmus ausbreitet und wieder schließt.

Am Ende lässt man die Taube mit einem langen, tiefen Atemzug nach oben steigen und lässt sie im oberen Teil unseres Körpers frei. Nun kann man erleben, wie sie über unserem Kopf wegfliegt ...

Über den Autor

Daniel Meurois wurde 1950 in Frankreich geboren. Er betätigt sich als ein wahrhafter Erforscher neuer Bewusstseinsebenen und ermutigt uns unablässig, die Multidimensionalität unseres Universums auf eine ganz andere Art zu betrachten. Ebenso fordert er uns auf, dass wir - auf der Suche nach unserer Identität - zunehmend eine neue Sicht von uns selbst entwickeln. Doch hinter dem kühnen Philosophen und Lehrer verbirgt sich auch ein authentischer Schriftsteller, dem es sehr an einer Schönheit der Sprache gelegen ist ... damit diese die Schönheit des Lebens entsprechend zum Ausdruck bringt.

Das literarische Werk von Daniel Meurois ist vielseitig, beeindruckend, mitunter auch überraschend, und dabei immer außergewöhnlich und bahnbrechend.

Nicht ohne Grund sind viele der Bücher, die er im Laufe seiner über vierzigjährigen Tätigkeit als Autor geschrieben hat, internationale Bestseller geworden. Seine 41 Bücher und über 100 Veröffentlichungen in 17 verschiedenen Sprachen machen ihn sicherlich zu einem der Pioniere des Neuen Bewusstseins ... zu einem Wahrheitsforscher, der getreu Zeugnis von seiner Arbeit ablegt und dabei mutig das Universum des Geistes erkundet.

Heute lebt Daniel Meurois in der Nähe von Québec und arbeitet unermüdlich daran, die Herzen der Menschen durch seine einzigartige literarische Arbeit, seine Seminare und Vorträge zu öffnen.

www.danielmeurois.com

480 Seiten, gebunden
ISBN 978-3-96933-044-9
€ [D] 28,00

Daniel Meurois

Jesus – Die unbekannten ersten dreißig Jahre

Die Zeit des Erwachens

Alles Überlieferte begann, als Jesus ein erwachsener Mann war, das Wort Gottes predigte und Wunder vollbrachte. Aber was wissen wir über seine Kindheit am Nildelta, seine Studienjahre im Essener Kloster, seine 17 Jahre im Himalaya und die Rückkehr nach Ägypten, wo er in der Pyramide sein Schicksal entdeckt? Daniel Meurois liefert uns einen Bericht aus der Akasha-Chronik über das Leben Jesu Christi – die wohl geheimnisvollste und bedeutsamste Figur der Menschheitsgeschichte.

736 Seiten, gebunden
ISBN 978-3-96933-053-1
€ [D] 36,00

Daniel Meurois

Jesus – Die wahrhaftige Aufgabe und seine Jahre nach der Kreuzigung

Die Zeit der Vollendung

Neben den Wundern, die Jesus vollbrachte, war sein ganzes Leben geprägt von Geheimnissen und Mysterien. Der Autor enthüllt bislang unbekannte Lebensstationen von Jesus, wobei deutlich wird, dass er während seines Erdenlebens eine bedeutende Aufgabe zu erfüllen hatte und mit vielfältigen Herausforderungen konfrontiert war.
Dank seiner Einsicht in die Akasha-Chroniken ermöglicht Daniel Meurois uns, Jesus Christus näher zu kommen und besser zu verstehen.

384 Seiten, broschiert
ISBN 978-3-89845-521-3
€ [D] 19,95

Daniel Meurois

Jesus' Jüngerinnen

Das geistige Erbe der drei Marien

Jesus' Lehre aus der Sicht seiner Jüngerinnen
Christus hatte nicht nur männliche Begleiter, sondern auch weibliche, unter denen sich insbesondere die drei Marien hervortaten: Maria-Magdalena, Maria-Jakobea und Maria-Salome. Nehmen Sie an der Begegnung der drei Frauen teil und lernen sie die Geheimnisse ihres Glaubens, den Mensch Jesus und dessen Lehren aus weiblicher Perspektive kennen. Erstaunlich leicht lässt sich Jesus' Lehre auf die Gegenwart übertragen und kann zum Schlüssel einer geistigen Erhebung werden, die wir in den heutigen, bewegten Zeiten so dringend brauchen.

448 Seiten, broschiert
ISBN 978-3-89845-462-9
€ [D] 19,95

Daniel Meurois & Anne Givaudan

Essener Erinnerungen

Die spirituellen Lehren Jesu

Ein einzigartiges Dokument einer längst vergangenen Zeit über die Bruderschaft der Essener, bei denen Jesus von Nazareth seine spirituelle Unterweisung erhielt, und über das geheime Leben Jesu: Daniel Meurois und Anne Givaudan erzählen, wie sie auf ihren Astralreisen in die Akasha-Chronik, in das universelle Gedächtnis, die Essener zur Zeit Jesu erleben konnten und mehr über ihre Bedeutung bei der Vorbereitung der Mission Christi erfahren durften. »Essener Erinnerungen« ist ein Buch, das überrascht und zugleich fasziniert, das zutiefst berührt und uns die ursprüngliche Botschaft Jesu nahebringt.

224 Seiten, broschiert
ISBN 978-3-89845-598-5
€ [D] 22,00

Daniel Meurois

Das große Buch der Akasha-Chronik

Der Zugang zum universellen Weltengedächtnis

Daniel Meurois beweist, dass er in der Lage ist, sich kraft seines Bewusstseins durch die Zeit zu bewegen. Erstmals beschreibt er, wie er Zugang zur Akasha-Chronik erlangt und durch welche Arten des Reisens er sich in der Zeit bewegen kann. Er erläutert die Anatomie der Akasha-Chronik und lässt uns teilhaben an seiner Erforschung und an realen Erfahrungen aus den Tiefen der Zeit. Damit bietet er uns einen einmaligen Einblick in das universelle Weltengedächtnis, durch den wir entdecken, dass die metaphysische Erfahrung der Raum-Zeit-Dimension die Tür zum Göttlichen in uns selbst weit öffnet.

504 Seiten, broschiert
ISBN 978-3-89845-583-1
€ [D] 24,95

Daniel Meurois

Echnaton und der Strahlende Gott

Das Geheimnis des Aton

Dieses Buch ist einzigartig und anders als alles, was je über Echnaton geschrieben wurde, denn es lüftet viele Geheimnisse über das Leben des Pharaos. Es ist ein geradezu magisches Werk, das sich intensiv mit den großen Fragen der Menschheit auseinandersetzt – Fragen, die uns immer beschäftigen werden.
Leicht zu lesen wie ein Roman, ist dieses authentische Zeugnis ein herausragendes Buch – hochaktuell und voller Leidenschaft. Es wird jeden inspirieren, der sein gegenwärtiges Leben mit vollem Bewusstsein führen und aktiv gestalten will.

336 Seiten, broschiert
ISBN 978-3-89845-609-8
€ [D] 18,00

Marie Johanne Croteau-Meurois

Der unerwartete Tod und die Geburt in den Himmel

Erfahrungen einer Seelenbegleiterin

Was geschieht, wenn jemand ganz plötzlich aus dem Leben gerissen wird, vermittelt Marie Johanne Croteau-Meurois anhand von 12 authentischen Zeugnisse von Verstorbenen, die dieses Leben oft unter dramatischen Umständen verlassen haben.
Dieses mit großem Mitgefühl geschriebene und inspirierende Buch ist ein Quell des Trostes und der Hoffnung. Es eröffnet eine ganz neue Sicht auf den »Sinn des Lebens« und die Frage, wie es »nach dem Tod« weitergeht ...

160 Seiten, broschiert
ISBN 978-3-89845-387-5
€ [D] 15,00

Daniel Meurois-Givaudan

Die ungeborene Seele

Trost und Hoffnung nach Fehlgeburt und Abtreibung

Einfühlsam und eindringlich berichtet Daniel Meurois-Givaudan über den Weg der Frauen und Paare, die den Verlust eines ungeborenen Kindes verkraften müssen und sich der Problematik von Abtreibungen, der Bitternis von Fehlgeburten und den oft so schmerzlichen Fragen rund um komplizierte Geburten stellen müssen. Damit reicht er all jenen die Hand, die nicht mehr wegschauen, sondern ihre Verletzungen und Wunden heilen wollen. Ein wohltuender Leitfaden, der hilft, einen banalisierten, verheimlichten und oft verleugneten Schmerz zu überwinden.

272 Seiten, broschiert
ISBN 978-3-96933-054-8
€ [D] 25,00

Daniel Meurois

Das Geheimnis des Franz von Assisi

Glaube, Zweifel und Erleuchtung

Was Franz von Assisi auf seinem Sterbebett der heiligen Klara von Assisi verriet, könnte die Kirche als Institution zum Einstürzen bringen. Er übersetzte während des 5. Kreuzzuges Papyrusrollen, deren Inhalt ihn in einen inneren qualvollen Konflikt brachte. Als ihn dann Manipulationen, Intrigen und hinterhältiger Verrat aus höchster Stelle einholten, versteckte er sein Wissen bis kurz vor seinem Tode.
Franziskus' Dilemma wird Sie in ein Abenteuer voller Intrigen, Verrat, Enthüllungen, Freundschaft und Zweifel stürzen.

256 Seiten, broschiert
ISBN 978-3-96933-023-4
€ [D] 22,00

Marie Johanne Croteau-Meurois

Die Wunder der heiligen Jüngerinnen Maria Jakobea & Maria Salome

Wunder gibt es immer wieder ... Und bei der »göttlichen Fotografie« der Mutter Gottes auf der Tilma von Guadalupe scheint es sich tatsächlich um ein wahrhaft übersinnliches Bildnis zu handeln und nachweislich nicht um ein bloßes Gemälde...
Der bekannte Sachbuchautor Lars A. Fischinger hat sich auf die Spuren der »Patronin von Mexiko« gemacht und in diesem spannenden sowie informativen Buch alle Fakten zusammengetragen, die es Ihnen erlauben, sich selbst ein Bild zu machen von diesem Bildnis der Maria von Guadalupe...

144 Seiten, Klappenbroschur
ISBN 978-3-89845-682-1
€ [D] 16,00

Daniel Meurois

Die Jesus-Methode

So reinigst du deine 8 Energiezentren

Eine fast unbekannte Lehre, die Jesus nur mit einem engen Kreis von Jüngern teilte: die acht Übungen zur Reinigung der Chakren. Zu den bekannten sieben Hauptchakren kommt ein Achtes hinzu, das rein geistiger Natur ist und uns als Sitz der Seele mit unserem Höheren Ich verbindet.
Ein Buch, das den menschlichen Körper ins Gleichgewicht und die geistige Entwicklung vorwärts bringt. Für alle, die ernsthaft an ihrer körperlichen und geistigen Gesundheit interessiert sind!

160 Seiten, gebunden
ISBN 978-3-89845-378-3
€ [D] 16,00

Elisabeth Kübler-Ross

Lebe jetzt und über den Tod hinaus

Die Schweizer Ärztin Dr. Elisabeth Kübler-Ross ist eine der bekanntesten Ärztinnen unserer Zeit und die Begründerin der modernen Sterbeforschung. Ihre Definition der heute wissenschaftlich anerkannten fünf Phasen des Sterbens revolutionierte die Forschung. Für ihre weltweit geschätzte Arbeit erhielt sie 20 Ehrendoktortitel an verschiedenen Universitäten und wurde vom TIME Magazine zu den »100 größten Wissenschaftlern und Denkern des 20. Jahrhunderts« gewählt.
In diesem wegweisenden Buch offenbart uns Elisabeth Kübler-Ross die Antwort auf die wohl wichtigste Frage über das Leben und den Tod: Wie können wir unser jetziges Leben gestalten, um es mit dem Sterben zu versöhnen.